D1985330

Der
Heilige Geist
ist keine
Schwalbe

EUGEN ECKERT

Der Heilige Geist ist keine Schwalbe

Gott, Fußball und andere wichtige Dinge

Kösel

FSC
www.fsc.org
MIX
Papier aus verantwortungsvollen Quellen
FSC® C084279

Verlagsgruppe Random House FSC® N001967
Das für dieses Buch verwendete FSC®-zertifizierte Papier *Condat matt Perigord* liefert Condat, Le Lardin-Saint-Lazare, France.

Umschlag: Oliver Weiss Design
Umschlagmotiv: Oliver Weiss
Druck und Bindung: Polygraf Print, Presov
Printed in Slovak Republic
ISBN 978-3-466-37097-9

Weitere Informationen zu diesem Buch und unserem gesamten lieferbaren Programm finden Sie unter www.koesel.de

Inhalt

NACHSPIEL

FAIR PLAY

Ins Spiel kommen

Fußball ist doch nur ein Spiel. Könnte man denken. Und so denken viele auch. Zu denen gehöre ich nicht. Denn ich meine, dass Fußball in vielerlei Hinsicht vom Leben erzählt. Von dessen schönen Seiten genauso wie von Unschönem. Von Glück wie von Unglück. Von Hoffnung wie von Resignation. Vom Fallen und vom Aufstehen. Von Siegen und Niederlagen. Von Erfolg und Misserfolg.

»Die Wahrheit liegt auf dem Platz«, sagt Otto Rehagel. Ich allerdings meine, dass viele von uns ihren Platz überhaupt erst einmal finden müssen, und zwar immer wieder neu, ehe sie zur Wahrheitsfrage gelangen. Das fängt im Kindergarten an, zieht sich durch die Schulzeit und mündet schließlich in die Berufs- und Partnerwahl. Wo gehöre ich hin? Wer sind meine Freunde? Was hält, was trägt in meinem Leben?

Bei diesem Suchen erzählt die Fußballsprache viel vom Leben: Denn auch in Wirklichkeit steht doch keiner von uns gerne im Abseits oder möchte gar vom Platz gestellt werden. Wir alle möchten am liebsten nominiert werden, zum Kader gehören, auflaufen und mitspielen.

Aber gelingt das auch, etwa wenn man »nur einen rechten Fuß« hat? Oder »auf einem Auge blind« ist? Wenn es mal so schiefläuft wie bei Antony Yeboah, dem ehemaligen Torschützenkönig von Eintracht Frankfurt, der einen unglücklichen Sturmlauf so schilderte: »Ich wollte den Ball treffen, aber der Ball war nicht da.« Oder man sogar das Gefühl hat, alles läuft schief, der ganze Lebensweg verläuft so ungünstig, wie es der ehemalige Bayernstürmer Jürgen Wegmann in einer Spielkritik formulierte: »Erst hatten wir kein Glück, dann kam auch noch Pech dazu.«

Woher kommen Mut und Selbstvertrauen? Und ist das Selbstvertrauen eines Ludwig Kögl, auch ehemaliger Bayernstar, mein Ziel? Dessen Rezept lautete: »Entweder ich gehe links vorbei, oder ich gehe rechts vorbei«, und der ganz grundsätzlich formulierte: »I spui mei Spui«, allerdings auch unter Missachtung

der Tatsache, dass der Fußball wie das Leben ein Mannschaftsspiel ist.
Welchen Stellenwert haben Regeln und die Fragen nach dem, was gelten soll? Albert Camus, der französische Nobelpreisträger für Literatur, schrieb: »Was ich schließlich am sichersten über Moral und Verantwortung weiß, verdanke ich dem Fußball.« Dem allerdings hielt Rudi Völler in einem Interview entgegen: »Im Endeffekt sind Regeln dazu da, gebrochen zu werden.« Wie aber könnten wir leben, zusammenleben, ohne Spielregeln und ohne die Schiedsrichter, die über ihre Einhaltung wachen?
Wie gehe ich mit Kritik um und mit Kritikern? Ein Seufzer des ehemaligen Bundestrainers Berti Vogts lautet: »Wenn ich übers Wasser laufe, dann sagen meine Kritiker, nicht mal schwimmen kann der.« Wer ist schuld, wenn es nicht so läuft, wie ich es mir vorgestellt habe? Meine Eltern? Meine Lehrer? Meine Trainer? Das Management? Meine Umgebung? Das Schicksal? Mein Körper? Gott? Oder – ich selbst?
Schließlich – das Wissen um begrenzte Zeit. »Je länger das Spiel dauert, desto weniger Zeit bleibt«, hat der Fernsehjournalist Marcel Reif in einem Spielkommentar gesagt. Das gilt auch für unser Leben. Wie im Fußball gibt es einen Anpfiff und einen Abpfiff. Danach lässt sich das Ergebnis nicht mehr korrigieren. Wie also gehen wir um mit der begrenzten Zeit? Und was fangen wir mit ihr an?
»Wir spielen am besten, wenn der Gegner nicht da ist«, philosophierte Otto Rehagel bei Gelegenheit. Aber wenn die Wahrheit tatsächlich auf dem Platz liegt, dann ist auch der Gegner da. Er ist da und versucht zu verhindern, dass wir unbekümmert stürmen. Und er setzt uns unter Druck, wenn wir mauern. Der Gegner kann um uns her sein, aber auch in uns selbst.
Dieses Buch, das auf unterschiedlichen Ebenen Erfahrungen aus dem Fußball mit Lebenserfahrungen verbindet, will Mut machen, ins Spiel zu kommen, mittendrin zu sein, sich faszinieren

und begeistern zu lassen, mit vollem Einsatz mitzuspielen und zugleich fair zu sein im Umgang miteinander. Es will Anstöße geben, mit Siegen und Niederlagen umgehen zu lernen. Und natürlich will es Spaß machen, an beidem: dem Fußball und dem Leben.

Jeweils mit halber Stelle arbeitet **EUGEN ECKERT** in seiner Heimatstadt Frankfurt a.M. als Studentenpfarrer an der Goethe-Universität und als Stadionpfarrer in der WM-Arena. Der evangelische Theologe ist verheiratet und hat einen Sohn. Seit vier Jahrzehnten gehört er zu den Musikern der Frankfurter Band HABAKUK, die seit 1977 bei allen Deutschen Evangelischen Kirchentagen und zahlreichen Katholikentagen mitwirken (www.habakuk-musik.de). Er ist Autor von Oratorien, Kantaten, Singspielen und mehr als 1000 Neuen Geistlichen Liedern, von denen viele Eingang in die neuen Gesangbücher aller christlichen Konfessionen fanden. Dass er als bekennender Fußball-Fan für dieses Buch die Chance zur Begegnung und zum Gespräch mit 30 Fußball-ExpertInnen hatte, zählt er zu den Sternstunden seines Lebens.

Wenn Adler fliegen

Seit dem 18. Januar 2007 gibt es in der Frankfurter WM-Arena eine Kapelle, nach Gelsenkirchen und Berlin die dritte in einem Bundesligastadion. Warum, das ist eine ganz eigene Geschichte. Sie beginnt mit der Entscheidung des Weltfußballverbandes (FIFA), das Frankfurter Waldstadion als Austragungsort für Spiele zur Fußballweltmeisterschaft 2006 auszuwählen.
Ein kompletter Umbau des ehemaligen Waldstadions war erforderlich. Denn die Auflagen der FIFA beinhalten unter anderem eine vollständige Überdachung des Zuschauerbereiches und eine komplette Bestuhlung der Arenen. Eine Steuerungsgruppe für den Umbau wurde gebildet. Diese besuchte zunächst große Stadien in Europa und Lateinamerika. Eine Entdeckung der Planer war, dass es in all diesen Stadien einen geistlichen Rückzugsort gab, eine Kapelle. Eine solche auch für Frankfurt vorzuschlagen, war nur ein Nebenthema unter allen anderen. Aber der damalige Kirchenpräsident Peter Steinacker nahm die Steilvorlage dankbar auf. Er, der selbst einmal Fußballer bei Eintracht Frankfurt war und bis heute zum Beirat der AG gehört, ergriff die Initiative.
Der Realisierung noch vor Beginn der Weltmeisterschaft standen mediale Zwänge im Weg. Zur Berichterstattung von den Spielen kamen so viele Journalisten nach Frankfurt, dass der vorgesehene fensterlose Raum im Erdgeschoss zunächst zum erweiterten Pressezentrum umfunktioniert wurde. Erst als die Lichter ausgeschaltet und die Kameras wieder abgebaut waren, kam es zur Umsetzung der Pläne.

Fußballbegeisterung und eine Geschichte über Begabungen

Der Kirchenvater Augustin schreibt: »Unruhig ist unser Herz, bis es Ruhe findet in dir, o Gott.« Mitten in der Arena, mitten im lauten Treiben des Marktes ein Kirchenraum, ein Ort der Stille und der Ruhe, ein Hafen im Sturm der Leidenschaften, eine Insel im Meer der Gefühle. Manchmal sitzen Menschen hier. Sie zünden eine Kerze an, blättern in der Bibel, schlagen das Gesangbuch auf und summen ein Lied vor sich hin. Und sie schreiben ins Gästebuch Worte wie: »Du Gott, bitte gib meinem Vater die Kraft, die er jetzt so dringend braucht. Und lass uns andere alle diese schwere Zeit voller Mut und Verständnis überstehen. Schenke uns Vertrauen in dich und einen guten Ausgang.« Oder: »Bis zur letzten Saison haben wir Jahr für Jahr nebeneinander gesessen. Block 30 F. Du fehlst mir.« Oder: »Morgen muss ich ins Krankenhaus. Und ich habe Angst davor. Lass mich heute ein schönes Spiel erleben, Gott, damit ich morgen eine gute Erinnerung in mir trage.« Aber auch: »Der krönende Abschluss unserer Hochzeitsreise.« Und: »Gott, beschütze uns alle.«

Die Frankfurter Stadionkapelle ist der Ort, an dem ich arbeite. Hier treffe ich Einzelne und Gruppen. Hier empfange ich Kinder, Jugendliche, Berufstätige und Senioren. In der »Langen Nacht der Museen«, in der ich mit den befreundeten Nachbarn vom Eintracht-Museum ein Programm anbiete, kommen zwischen 20 Uhr und 3 Uhr morgens auch schon einmal rund 1500 Menschen vorbei. In dieser Kapelle taufe ich und traue Paare. Hier tröste ich Traurige und freue mich mit den Fröhlichen. Und immer wieder erzähle ich den Menschen hier eine Geschichte, die ich bei einer Reise in die USA zum ersten Mal gehört habe. Sie hat den Titel »Wenn Adler nicht zu fliegen wagen« – und geht so:

Eines Tages fand ein Farmer beim Streifzug über sein Feld einen jungen Adler. Hilflos und offenbar verlassen saß der Winzling zitternd am Boden. Der Farmer, der ein gutes Herz hatte, hob den kleinen Adler auf und nahm ihn mit auf seinen Hof. Weil er natürlich nicht wusste, wie man einen Adler aufzieht, setzte er ihn zu seinen Hühnern in den Stall. Dort fühlte sich dieser offenbar wohl. Denn schon bald begann er, wie die Hühner zu picken. Er scharrte auch wie die Hühner. Und er setzte sich zu ihnen auf den Mist.

Eines Tages kam ein Freund zu Besuch. Er war nicht wenig erstaunt, mitten unter all den Hühnern einen Adler zu entdecken. »Das kannst du nicht machen«, sagte er zu dem Farmer. »Du kannst diesen stolzen Vogel doch nicht wie ein Huhn behandeln.« »Das könnte man meinen«, gab der Farmer zur Antwort, »aber dieser Adler ist schon lange keiner mehr. Er ist vielmehr ein Huhn.« Mit dieser Antwort war der Freund nicht glücklich. Darum bat er den Farmer, ihm zu helfen, dem Adler die Freiheit wiederzugeben. Weil dieser nun seinen Freund nicht enttäuschen wollte, stimmte er zu. Am nächsten Tag nahmen sie den Vogel und gingen mit ihm aufs Feld. »Adler, du bist ein Adler«, rief dort der Freund. Aber der Adler sprang vom Arm des Farmers auf den Boden. Und er begann zu scharren und zu picken wie ein Huhn. »Siehst du«, sagte der Farmer, »ich habe es dir gesagt, das ist kein Adler mehr. Das ist ein Huhn.« »Gib mir eine zweite Chance«, antwortete der Freund verstört. Und so gingen sie am folgenden Tag erneut hinaus auf das Feld. Doch das Ergebnis glich dem vom Vortag. »Nun, gibst du auf?«, fragte der Farmer seinen deprimierten Freund. Doch nach einem Moment des Nachdenkens sagte dieser: »Wir müssen es noch einmal versuchen. Und wir müssen die Bedingungen verbessern. Lass uns auf einen Berg steigen morgen früh, noch vor Sonnenaufgang.« Der Farmer seufzte tief, ehe er seine Zustimmung gab.
Ganz früh am nächsten Morgen brachen die beiden auf, den Adler im Gepäck. Durch die Dunkelheit stiegen sie auf den höchsten Berg. Es war kurz vor Sonnenaufgang, als der Farmer den Adler auf seinen Arm setzte. Und es waren die ersten Sonnenstrahlen des Tages, die in den Augen des Adlers aufblitzten. Da stieß dieser einen Adlerschrei aus. Und er stieg majestätisch auf in die Lüfte. Und er war der stolze Vogel: ein Sinnbild für Kraft und Mut, Ausdauer und Leichtigkeit, Schnelligkeit und Freiheit.

Ich erzähle diese Geschichte, weil sie ein Gleichnis ist. Sie handelt von den verdeckten und versteckten Begabungen, die wir alle haben. Sie erzählt davon, dass es möglich ist, diese Talente freizulegen, zu entdecken und zu entwickeln. Dazu aber braucht es Menschen, die es gut mit uns meinen, die uns etwas zutrauen, die uns zu guten Bedingungen verhelfen und uns die Freiheit geben, dann auch loszufliegen.

Und, so sagt es die Stimme unseres Glaubens manchmal leise, manchmal auch ganz laut: Dazu braucht es auch Gott. »Denn die auf Gott hoffen, kriegen neue Kraft, dass sie auffahren mit Flügeln wie Adler« (Jesaja 40,31).

Auch der Fußball bietet manches Gleichnis, um das Leben und die Lebensverhältnisse reflektieren und deuten zu können. Insofern ist Fußball sehr viel mehr als ein Spiel. Und wenn wir im Folgenden ganz viel über Fußball reden, sprechen wir immer zugleich auch über unser Leben und Zusammenleben mit seinen Höhen und Tiefen.

Warm up

Über viele Hindernisse

Um sich selbst zu finden, beginnt jeder irgendwann als Kind darüber nachzudenken, »Wer bin ich?«, »Wovon träume ich?«, »Was kann ich – besser als andere?« »Wo kann ich etwas bewirken?« Dies auszuprobieren, in der Realität mit und an anderen zu testen, ist ein Schritt auf dem Weg zur eigenen Identität. Grenzerfahrungen bleiben dabei nicht aus. Das Selbstbild und die eigenen Fähigkeiten werden klarer.

Jubeln und Heulen – mein Leben als Fußballer

Mit der Lust am Fußball hat es bei mir begonnen, wie es bei den meisten anfängt. Ich habe in der Schule gekickt und im Park um die Ecke, in den ich nachmittags mit meinen Freunden ging. Mit einem dieser Freunde bin ich mit 9 Jahren zu Preußen Frankfurt gekommen. Der Vater meines Freundes war dort engagiert. So wurde die Viktoria 1974 mein Stammverein.

In der Zeit habe ich noch alles Mögliche probiert: Judo, Tennis, in der Schule die Basketball-AG. Und ich fand das alles auch toll. Irgendwann habe ich beim Fußball gemerkt, dass ich zu den Besseren gehörte. Meine Position war das Mittelfeld. Bereits 1978, zwei Jahre vor meinem Wechsel, war ich von Eintracht Frankfurt angesprochen worden. Ich bin meinem Heimatverein zunächst treu geblieben, weil in jenem Jahr in der Sommerpause eine USA-Reise geplant war. Bei einem Wechsel hätte ich diese Reise nicht mitmachen können. Ich stand in einem richtigen Zwiespalt. Mein Vater hat mir damals geholfen. Zwar überließ er mir die Entscheidung. Aber er sagte: »So eine Auslandsreise ist eine tolle Sache. Und wenn du wirklich gut bist, kommt die Eintracht im nächsten Jahr erneut auf dich zu.« Das habe ich meinem Vater abgenommen und bin mit in die USA gefahren. Auch im Nachhinein bin ich darüber froh, denn es war eine tolle Reise. Im zweiten Jahr der B-Jugend wurde ich dann Spieler bei der Eintracht. Das war der Moment, in dem mir klar wurde: Du gehörst jetzt schon zu den ganz Guten. Andererseits merkte ich: Bei der B-Jugend der

Eintracht bist du nur einer von zwanzig ganz Guten. Irgendwie ist da nämlich jeder ganz gut.

Auf der Karriereleiter

Wir waren sehr erfolgreich. Mit der B-Jugend wurden wir Vizemeister, nach der Endspielniederlage gegen Borussia Mönchengladbach. Mit der A-Jugend wurden wir 1983 sogar Deutscher Meister. Aber auch da war nicht absehbar, dass ich sofort Profi werden würde. Denn in der Mannschaft, die Deutscher Meister wurde, war ich der einzige Spieler, der nie in der Hessenauswahl gespielt hatte. Wir hatten im Team sogar Nationalspieler wie Thomas Berthold. Drei Monate später war ich dann aber doch schon Profi. Berthold war der Erste, ich der Zweite, der den Sprung schaffte. Trainer Branco Zebec hat mich hochgeholt, gefördert und in der ersten Mannschaft eingesetzt. Leider wurde er aufgrund der damaligen Erfolglosigkeit nach wenigen Spielen entlassen. Es kam Dietrich Weise. Das war für uns junge Spieler der perfekte Trainer zum richtigen Zeitpunkt. Die Eintracht hatte kein Geld, Spieler einzukaufen. Aber sie hatte zu diesem Zeitpunkt eine tolle Jugendarbeit mit reichlich Potenzial durch Spieler wie Ralf Falkenmayer, Hans-Jürgen Gundelach, Thomas Berthold und mich. Und mit Dietrich Weise war ein Trainer aus dem Jugendbereich des DFB gekommen, der uns Vertrauen schenkte. Er war für uns ein herausragender Ansprechpartner, ein Trainer, der nicht die alte Schule der Schleifer verkörperte. Weise war einer, der sich um uns Jungs kümmerte, der zugehört hat, der auch mal zur Schule kam, um zu sehen, was da los ist. Er war für uns genau der richtige Trainer. Ihm habe ich sehr viel zu verdanken.

Die Schule abzuschließen war für mich klar. Ich habe der Fußballkarriere nicht getraut. Weil ich ein Spieler war, der eher unauffällig seine Aufgaben löste, konnte ich mir vorstellen, genauso schnell wieder draußen zu sein, wie ich hereingekommen war. Außerdem dachte ich: Jetzt hast du sieben Jahre Alt-

griechisch und Latein gelernt, jetzt willst du auch dein großes Latinum und die Schule zu einem guten Ende bringen. Mein Abitur habe ich dann auch geschafft. Und darauf war ich stolz. Denn das war keineswegs selbstverständlich. Ich spielte bereits 1½ Jahre in der Bundesliga, lief als Stammspieler jeden Samstag auf, war dazu in der U21-Nationalmannschaft und im Rahmen von Länderspielen mehrfach unterwegs – deshalb war die Schule ein ziemlicher Akt für mich. Am Ende der Schulzeit war ich richtig kaputt. Bundesliga, Nationalmannschaft und die Ansprüche beim Abitur, das waren enorme Belastungen.
Zu den tollen Erinnerungen an die Bundesligazeit gehört der Gewinn der Deutschen Meisterschaft mit den A-Junioren. Man gehört zur besten Mannschaft in Deutschland. Den Titel nimmt mir keiner mehr. Ich kann immer sagen: Ich war mal Deutscher Meister, auch wenn das schon 30 Jahre her ist. Und ein sportliches Highlight war die Teilnahme an der Universiade 1993 in Buffalo mit der Studentennationalmannschaft. Für mich war das Gesamterlebnis, einmal für zwei Wochen mit 7.000 Athleten in einem Olympischen Dorf zu wohnen, eine grandiose, unvergessliche Erfahrung. Die Stimmung war fantastisch.

Bittere Momente

Zu den ganz bitteren Momenten gehörte mein Bänderriss ein paar Tage vor dem Endspiel zur Deutschen Meisterschaft. Ich konnte nicht auflaufen. Da hast du die Chance, um die Deutsche Meisterschaft zu spielen, und musst verletzt zusehen! Für mich ist da eine Welt zusammengebrochen. Und ganz bitter war das letzte Spiel für Eintracht Frankfurt, das ich 1988 hätte bestreiten können: Das Pokalfinale im Berliner Olympiastadion! Auf dem Weg dorthin hatte ich etliche Einsätze, im Halb-, Viertel- und Achtelfinale. Im Endspiel aber war ich nicht mehr im Kader, weil ich mich vorher geoutet hatte, dass ich mich reamateurisieren lasse und eine Lehre zum Werbekaufmann beginne. Die Eintracht hätte

ARMIN KRAAZ ist seit dem 1. Januar 2010 Leiter des Leis-
tungszentrums Eintracht Frankfurt e.V. Als Spieler wurde er 1983
Deutscher A-Jugendmeister. Ab der Saison 1983/84 spielte er als
Abwehrspieler im Profi-Kader von Eintracht Frankfurt
in der Bundesliga. Mit 23 Jahren beendete der Abi-
turient seine Profi-Karriere, um eine Ausbildu
als Werbekaufmann zu absolvieren. Parallel da
spielte er für Rot-Weiß-Frankfurt in der Hesse
liga. 1996 wechselte der Inhaber aller Traine
lizenzen in den Stab der Eintracht. Hier war e
zunächst Trainer der A-Jugend, später der Ju
nioren. Im Januar 2001 wurde er Co-Trainer be
den Profis und 2002 für drei Monate auch de
ren Cheftrainer.

mich nach Karlsruhe oder Kaiserslautern verkaufen können und eine Ablösesumme bekommen. Durch meinen Schritt entging dem Verein dieses Geld. Darum erhielt ich vor dem Pokalendspiel die Nachricht, weder im Kader zu sein noch auf der Ersatzbank. Ich wäre so unglaublich gern dabei gewesen. Hier ausgeschlossen worden zu sein, vom vermeintlich größten Triumph, der mir als Sportler möglich gewesen wäre, war der härteste Moment, den ich selbst im Sport erlebt habe. Man kann manchmal heute noch die ZDF-Fernsehbilder von uns, den Ausgemusterten auf der Tribüne, sehen: Während die Mannschaft ihre Ehrenrunde dreht, sitze ich da und heule.
Meine Profikarriere habe ich wegen eines Trainers beendet. Nachdem die Zeit von Dietrich Weise vorbei war, kam Karl-Heinz Feld-

kamp. Und das ging mit mir überhaupt nicht. Er verkörperte die alte Schule und vieles bei ihm war ›unterste Schublade‹. Es wurde für mich ein Gräuel, zum Training zu fahren. Ich hatte keine Lust mehr und sagte mir: Das brauchst du nicht, das willst du nicht, du willst Spaß haben am Fußball. Dass der verloren gegangen war, konnte ich mir irgendwann eingestehen. Ich hatte die Möglichkeit, nach Kaiserslautern oder Karlsruhe zu wechseln. Winnie Schäfer wollte mich. Aber Frankfurt ist meine Stadt. Hier kam ich zur Welt. Hier bin ich zu Hause. Hier habe ich meine Freunde, meine Familie. Darum wollte ich nicht weg. Meine Eltern und mein Freundeskreis stärkten mir den Rücken für diese Entscheidung. Ich habe also eine Umschulung gemacht – vom Fußballprofi zum Auszubildenden als Werbekaufmann in einer großen Agentur. Aber: Ein Trainer hat bei mir dafür gesorgt, dass ich jeweils froh war, wenn das Training vorbei war. Vielleicht würde man das heute sogar als eine Depression, ein Burnout bezeichnen. Aber diese Diagnose gab es damals ja noch nicht.
Im Nachhinein kann ich sagen, dass diese Entscheidung für mich perfekt war. Ich habe eine interessante Lehre gemacht. Später habe ich die beiden Gaststätten meiner Eltern übernommen. Finanziell war diese Entscheidung sehr gut, aber Spaß hat mir die Arbeit nicht gemacht. Jeden Tag bis 2 Uhr nachts arbeiten und 365 Tage im Jahr geöffnet zu haben, das war nichts. Irgendwann bin ich zurückgegangen zur Werbeagentur. Parallel habe ich als Spieler der Ersten Mannschaft bei Rot-Weiß-Frankfurt noch die A-Jugend trainiert, bis ich von der Eintracht angesprochen wurde und zurückgekehrt bin. Aber, um es noch einmal klar zu sagen, der Grund für das Ende meiner Zeit als Profi war die nackte Unlust, so weiterzumachen. Mit 30 Jahren wurde ich dann A-Jugendtrainer bei der Eintracht, habe alle Trainerscheine bis zur A-Lizenz gemacht und bin staatlich diplomierter Fußballlehrer.

Belastungen heute

Die Ansprüche an junge Spieler sind inzwischen enorm. Alle Spieler in den Leistungszentren trainieren 5-6-mal in der Woche. Mindestens die Hälfte jeder A-Jugendmannschaft geht noch aufs Gymnasium, ist auf dem Weg zum Fachabitur oder Abitur. Auch im Blick auf schulische Werdegänge ist der Fußball mittlerweile ein Spiegelbild der Gesellschaft. Insofern ist der Fußball an sich schon lange nicht mehr so dumm, wie er gemeinhin einmal gewesen sein soll oder auch war. Die Ansprüche des Spiels sind mittlerweile enorm gestiegen: die Schnelligkeit des Spiels, man muss einfach schnell sein. Das bedeutet nicht, dass ich zum Bestehen ein Einser-Abitur brauche, aber ich muss in der Lage sein, schnell zu erkennen, schnell zu schalten, schnell zu reagieren, was bedeutet: Ich brauche eine gewisse geistige Flexibilität.

Den vielen Schülern bei uns helfen wir, indem wir Nachhilfe anbieten. Viel wichtiger aber ist, dass es sozialpädagogische Ansprechpartner für sie gibt und Trainer, die spüren, wenn einer mal durchhängt, weil es mit der Schule nicht klappt, weil es Probleme mit der Freundin gibt, weil er gerade nicht spielt oder verletzt war. Es ist im Bereich des Spitzenfußballs sehr schwierig, nach einer Erkrankung oder einer Auszeit dort wieder Fuß zu fassen, wo man einmal war, und sich wieder durchzusetzen, besonders wenn die Erkrankung publik geworden ist. Dann nämlich denkt der Spieler immer, dass die anderen auf ihn gucken und darauf warten, dass er eine Schwäche zeigt, und fühlt sich nicht mehr so stark.

Umgang mit Medien und Geld

Mit den Belastungen durch den Medienrummel und die schlagartige Veränderung ihres Einkommens müssen junge Spieler auch umgehen lernen. Im Blick auf die Medien bekommen zumindest unsere Nationalspieler Schulungen. Und es sind ja meistens die Nationalspieler, die den Sprung in den Profibereich schaffen. Sie sind durch Turniere schon allerhand gewohnt, Journalisten, Fernsehen. Die mediale Aufmerksamkeit kann man noch umgehen, indem man Interviews einfach ablehnt. Aber die Jungs, die hier vorher einen Fördervertrag mit 300 Euro im Monat hatten, gewinnen auf einmal am Wochenende vielleicht gegen Schalke und bekommen 8000 Euro Prämie für dieses eine Spiel. Wie sollen sie damit umgehen? Das kennen sie nicht. Das können sie, die hier mit 15 oder 16 Jahren herkamen und teilweise noch nicht wussten, was ein Girokonto oder Onlinebanking ist, überhaupt nicht einschätzen. Das Taschengeld hatte Mama ihnen immer bar gegeben. Auch auf diese Veränderung bereiten wir sie durch Kurse vor. So können sie davor bewahrt werden, auf irgendwelche Vermögensberater hereinzufallen.

Umgang mit Krisen

Und dann ist es auch schwierig, mit der Vergänglichkeit des Ruhms umzugehen. Beispielsweise Marc Stendera, Sebastian Jung oder Luca Waldschmitt – sie waren immer die besten Spieler ihres Jahrgangs. Sie wissen gar nicht, wie sich das anfühlt, einmal nicht zu spielen. Sie haben immer gespielt, waren nie Ersatzspieler, waren nie draußen. Sie waren immer erste Elf und als Leistungsträger gewohnt, Verantwortung zu übernehmen. Wenn das abreißt, kann es zur Krise kommen. Ich glaube, man muss hier mehr für die jungen Spieler tun. Marc Stendera ist jetzt aus dem Internat unseres Leistungszentrums ausgezogen. Er hat ein festes Gehalt, sich eine kleine Wohnung gemietet und lebt dort mit seiner Freundin. Damit unterliegt er nicht mehr unserem Einfluss. Derzeit ist er verletzt. Sein Kreuzband ist gerissen. Das bedeutet, er ist ein halbes Jahr weg vom Fenster. Wer kümmert sich um ihn? Wer spricht mit ihm? Wer hat Kontakt mit ihm? Das ist ein Thema, das, wie ich glaube, bei vielen Profivereinen noch nicht gut geregelt ist. Oft heißt es: ›Vogel friss oder stirb‹, entweder er schafft es oder er schafft es nicht. Dadurch gehen Talente verloren, die es hätten schaffen können. Dieses Problems müssen sich die Profiabteilungen meines Erachtens erst noch richtig bewusst werden. Es wäre insofern gut, wenn zu jeder Profimannschaft jemand gehören würde, der sich speziell um die jungen Spieler kümmert. Ob das ein Psychologe sein muss oder einfach ein guter Typ, der die Jungs ein bisschen an der Hand nimmt und ihnen zeigt: da ist die Reha, dort ist der Doc und hier ist das Einwohnermeldeamt, weiß ich nicht. Aber ich weiß, dass man sich grundsätzlich besser um die jungen Spieler kümmern müsste, die ›oben‹ ankommen.

Glauben und Kirche

Interessanterweise ist die Mehrzahl meiner Spieler gläubig, in welcher Richtung auch immer. Sie gehen zwar nicht oft in die Kirche, aber trotz aller Belastungen ist ein Fußballleistungszentrum per se keine glaubensfreie Zone. Und bei den 12- bis 14-Jährigen ist die zeitliche Belastung auch noch nicht so wild. Die Schule geht in der 7. Klasse noch nicht bis 5 Uhr nachmittags, und hier trainieren wir höchstens 3–4-mal in der Woche. Wenn ein Spieler oder die Eltern sagen, an diesem Tag ist Konfirmandenunterricht, dann fehlt er bei uns eben in dieser Einheit. Die zeitliche Belastung spitzt sich erst im B- und A-Juniorenbereich zu, wenn fünf Mal in der Woche trainiert wird und die Auswärtsfahrten nicht nur bis nach Darmstadt gehen, sondern nach München, Augsburg und Freiburg. Wenn man dann auch am Wochenende komplett unterwegs ist, wird Zeit wirklich knapp. Aber während des Konfi-Alters spielt das noch keine große Rolle.
Wenn wir über Werte sprechen, ist die Kirche natürlich ein wichtiger Ansprechpartner. Ich für mich kann sagen: Ich finde die Kirche toll, weil sie Werte vermittelt. Ich habe mir allerdings irgendwann auch gesagt, ich habe meine Werte in mir selbst. Ich brauche darum niemanden, der mir sie sagt. Damit komme ich selbst gut klar. Ich finde es aber wiederum toll, wenn Menschen an etwas glauben können oder auch in der Kirche beheimatet

sind. Die Kirche kann sehr wohl Spieler gut begleiten, wenn sie sich sportadäquat verhält. Sie muss das dann aber auch mittragen. Sie kann einem Spieler nicht sagen: Du hast zwar am Sonntag ein Spiel, aber Kirche ist wichtiger. Da wird der Leistungssportler antworten: »Diesen Konflikt brauche ich jetzt nicht wirklich. Ich treibe gern Sport, gehe auch gern mal in die Kirche. Aber wenn ich zu diesem Spiel jetzt nicht komme, spiele ich nächsten Sonntag vielleicht auch nicht.« Die Kirche sollte begleiten. Dann kann sie vielen Spielern Halt und Hilfestellung geben, gerade auch im Bezug auf Werte. Der Sport an sich ist schon ein gutes Vehikel, um Kinder und Jugendliche von Unsinn fernzuhalten. Und wenn Kirche im Blick behält, dass Leistungssportler einfach nicht so viel Zeit haben, und wenn sich Kirche flexibel zeigt und mitgeht, dann können zwei starke Kräfte gut zusammenwirken.

Begeistert bleiben

DIRK REIMÖLLER

Der Apostel Paulus sagt: »Alle haben eine eigene Begabung von Gott erhalten, die ganz unterschiedlich sein kann« (1 Korinther 7,7). Richtig entfalten können sich diese unterschiedlichen Begabungen am besten im Zusammenspiel. Im Miteinander stellt sich der Erfolg ein und macht auch viel mehr Spaß.

Dieser Weg wird kein leichter sein …

Im Sommer 2011 saßen 34 Jungen in der Sportschule Grünberg vor mir, gespannt auf einen Tag voller Fußball. Sie alle hatten mit ihren DFB-Stützpunkten oder Nachwuchsleistungszentren am alljährlichen »Tag des Talents« für D-Junioren teilgenommen. Nun waren sie als »auffällige Kicker« zu einem Trainingstag in die Sportschule eingeladen. Gemeinsam mit dem zuständigen Jahrgangstrainer begrüßte ich die Spieler zu diesem Kurs, der noch weit davon entfernt war, ein Lehrgang der Hessenauswahl zu sein. Gleich nach der Begrüßung meldete sich einer von ihnen und stellte die Frage: »Wie werde ich denn jetzt Nationalspieler?« Mit einem Hit von Xavier Naidoo hätte ich antworten können: »Dieser Weg wird kein leichter sein, dieser Weg wird steinig und schwer.« Mehr jedoch ging mir durch den Kopf, warum ein U13 Spieler, der gerade zum ersten Mal bei einer Maßnahme des Landesverbandes dabei ist, gleich nach den Sternen greifen möchte. Klar ist es wichtig, ein Ziel vor Augen zu haben; zu wissen, wohin man will. Aber, gleich von der Nationalmannschaft zu reden, kann nur enorm unter Druck setzen. Darum hätte der Junge besser fragen sollen: »Wie komme ich so weit, wie ich kann?«
Und auf diesem Weg spielen viele Faktoren eine Rolle. Manche kann ich als Spieler beeinflussen, andere nicht. Wenig beeinflussbar sind z. B. körperliche Merkmale und Zeitpunkte der Entwicklung. Denn manche Spieler sind schon früh weit entwickelt, während andere zu den sogenannten Spätentwicklern zählen.

Mario Götze, Manuel Neuer, Ilkay Gündogan

Die sehr unterschiedliche Entwicklung bei einigen unserer aktuellen Nationalspieler habe ich als Trainer selbst beobachten, miterleben und begleiten können.

Mario Götze beispielsweise war schon in der U13 ein Spieler, der fußballerisch weiter war als alle anderen. Immer wenn ich ihn als damaliger Verbandsfußballlehrer Westfalens in einer Aktion coachen wollte, hatte er bereits eine viel bessere Lösung gefunden, als ich sie gesehen hatte. Bei ihm ging es in unseren drei gemeinsamen Jahren eher darum, ihn mit den Besten gegen die Besten Fußball spielen zu lassen und ihm bei allen Auswahlmaßnahmen vor allem Freude zu vermitteln. Manuel Neuer war in der U15 des FC Schalke 04 noch klein und etwas untersetzt. Darum ist es zu einem großen Teil das Verdienst seines damaligen Torwarttrainers Lothar Matuschak, dass Manu auch noch in der U16 beim FC Schalke spielen durfte und nicht aussortiert wurde. Am Ende der U16 setzte das Längenwachstum massiv ein und es entwickelte sich einer der besten Torhüter der Welt. Seine großen Stärken waren, niemals aufzugeben und viel zu trainieren. Und sein Glück war es, einen so zuverlässigen Förderer wie Lothar Matuschak an seiner Seite zu haben.

Noch anders der Weg von Ilkay Gündogan. Ilkay wurde zwar für den DFB-Stützpunkt in Gelsenkirchen-Heßler gesichtet und durchlief diesen auch bis zur U15. Doch der Wechsel zum großen FC Schalke blieb aus – und das, obwohl mit Cahit und Serdar bereits zwei Gündogans beim FC Schalke spielten. Wohl aufgrund seiner verzögerten körperlichen Entwicklung unterschätzte auch ich, der damalige Westfalenauswahltrainer Dirk Reimöller, sein Talent und lud den kleinen Dribbler nicht zu den Sichtungsturnieren ein. Zur U17 wechselte Ilkay dann zum VfL Bochum und wurde vom dort zuständigen Verbandstrainer Helmut Horsch auch zum U18 Sichtungsturnier des DFB eingeladen, das Westfalen dann auch gewann. Ilkay wurde gesichtet und machte seine ersten Länderspiele. Heute ist er einer der besten »Sechser« Deutschlands.

Ich habe bewusst das Beispiel von diesen dreien ausgewählt, die allesamt ganz unterschiedliche Wege zurückgelegt haben, um dann letztendlich das Trikot mit dem Adler auf der Brust tragen zu dürfen. Mario, der schon immer bei einem Bundesligisten war und sich von den anderen abhob (hier hätte ich genauso Julian Draxler nennen können, den ich zwei Jahre lang als U17 Spieler »Auf Schalke« begleitet habe), Manuel, der Spätentwickler, der zwar bei einem Bundesligisten war, aber fast aussortiert worden wäre, und Ilkay, der erst sehr spät den Schritt zu einem Nachwuchsleistungszentrum machte und sich dann doch durchsetzte.

DIRK REIMÖLLER Seit 2010 ist er als Verbandstrainer beim Hessischen Fußballverband (HFV) tätig. Bis zu seinem Wechsel arbeitete Reimöller als Cheftrainer der U17 von Schalke 04 und koordinierte daneben auch die U15 und die U14 des Spitzenclubs der Bundesliga. Internationale Erfahrung sammelte er als Fußballlehrer in der Trainerausbildung in Namibia und Kanada. In seiner Tätigkeit als DFB-Stützpunktkoordinator gehörte es zu seinen Aufgaben, 16 Stützpunkte mit 48 Trainern und rund 500 Spielern unter einen Hut zu bringen. Für dieses Buch stellte sich Dirk Reimöller der Frage, was es bedeutet, Talent zu haben, woran man Talent erkennen kann und was zum Durchbruch von Talent hilft und führt.

Vom Talent zur Lebenshaltung

Was die drei Spieler verbindet – über ihre unterschiedliche Entwicklung hinaus? Nun, alle drei haben sich immer die Freude am Fußball bewahrt. Dazu hatten sie in Zeiten, in denen es nicht nur bergauf ging, sondern sogar tiefe Täler durchschritten werden mussten, Rückhalt und Unterstützung: von ihren Familien, ihren Vereins- oder Auswahltrainern und ihrem Freundeskreis.
Keiner dieser Spieler trug den Druck in sich, unbedingt Profi werden zu müssen. Die Freude am Spiel stand im Vordergrund, dazu die Lust an Leistung. Allen war bewusst, dass der Fußball ihnen nicht notwendigerweise den Lebensunterhalt sichern würde und dass das Leben eines Fußballers im Leistungsbereich endlich ist. Aus diesem Grunde haben sie alle einen Schulabschluss gemacht, der ihnen nach der Profikarriere oder bei einer plötzlichen Verletzung eine berufliche Perspektive bietet.

Wie man möglichst weit kommen kann

Klar, ein Talent muss technisch versiert, schnell und ausdauernd sein, über eine gute taktische Ausbildung verfügen und handlungsschnell sein. Handlungsschnell sein heißt, unter hohem Gegnerdruck schnell und sicher Entscheidungen treffen und in Aktion umsetzen zu können. Dafür gibt es Trainingsformen. Aber die Schlüssel zu dieser Qualität halten einmal mehr der Trainer und die Eltern in den Händen. Denn wie soll ein junger Mensch, dem die Eltern jede Entscheidung abnehmen, lernen, eigene Entscheidungen zu treffen? Und kann ein Spieler, dem sein Trainer jede Lösung in Training und Spiel vorgibt, entscheidungssicher werden? Wohl kaum.
Ein Trainer, der handlungsschnelle Spieler ausbilden will, wird mutige und entschlussfreudige Persönlichkeiten fördern. Natürlich werden sie manchmal Fehlentscheidungen treffen, die zu Ballverlusten oder auch Gegentoren führen. Aber Fehler sind ein Teil des Mutes zum Risiko. Wer keine Fehler machen darf, wer je-

weils gleich angemacht und scharf kritisiert wird, spielt irgendwann lieber nur noch den sicheren Ball. Das ist so wie im richtigen Leben: Kriegst du bei Fehlern immer sofort einen drüber, gehst du lieber in Deckung und fällst nicht auf. Insofern ist Mut ein weiterer wichtiger Aspekt eines Talentes.

Umgang mit Misserfolg

Jenseits von Technik, Taktik und Kondition gehört auch der Umgang mit Misserfolg zu den Bausteinen für eine erfolgreiche (Fußballer-)Karriere. Denn wie bei Manuel Neuer verläuft eine Talententwicklung nicht linear, d. h. es geht bei Weitem nicht immer nur nach oben, sondern man durchschreitet viele mehr oder weniger tiefe Täler. Das kann ein Fehlpass sein, ein verschossener Elfmeter, ein Eigentor – aber auch eine Verletzung oder ein anderes negatives Erlebnis. Die Frage ist, wie geht ein Spieler damit um? Ich sage dann: Hinfallen ist keine Schande! Aber aufstehen musst du! Oder: Wer aufgibt, hat schon verloren!
Ähnlich verhält es sich beim Umgang mit angemessener Kritik. Ein Spieler, der sich weiterentwickeln will, ist in der Lage, Fehler auch bei sich selbst zu sehen, und sucht nicht – wie oben beschrieben – immer einen anderen, der Schuld hat. Wenn es um Beanstandungen geht, sind aber wiederum massiv auch Trainer (oder Lehrer) gefragt. Denn eine angemessene Kritik beinhaltet immer einen Lösungsvorschlag. Sie geht der Frage nach: Was kann ich tun, um beim nächsten Mal besser zu sein?

Erfolge einordnen können

Dass Spieler an ihre Grenzen gehen und diese auch einmal überschreiten können, wissen wir alle. Wir tragen die Bilder von Spielen im Kopf, in denen eine knappe Führung verteidigt wurde und sich die ganze Mannschaft nach dem Abpfiff zwar restlos ausgepowert, aber überglücklich in den Armen lag.
Auch in solchen Situationen zeigt sich das Talent eines Spielers,

wenn er respektvoll mit Mitspielern, Gegnern, Schiedsrichtern und seinen Mitmenschen im Allgemeinen umgehen kann. Wer in der Lage ist, Erfolge richtig einzuordnen, wird auch in Zeiten, in denen es mal nicht so läuft, sehr viel Unterstützung erfahren.
Respekt beinhaltet immer eine Portion Demut. Diese Demut ist damit verbunden, sich seine privilegierte Situation bewusst zu machen, wenn man mit besonderem Talent gesegnet ist. Als Benny Höwedes einmal mit seinem A-Jugendtrainer Norbert Elgert über den Parkplatz der Profis zum Training ging, bemerkte der Trainer Bennys sehnsüchtigen Blick auf die tollen Schlitten. »Möchtest du auch mal so ein Auto fahren?«, fragte er. »Klar«, gab Benny zur Antwort, »aber wirklich wichtig ist das nicht.« Diese Bescheidenheit des heutigen Nationalspielers, verbunden mit der Fähigkeit, Prioritäten setzen zu können, ist bemerkenswert in einer Zeit, in der es mehr denn je auf äußere Werte und Statussymbole ankommt. Die materiellen Ziele unterordnen zu können und den sportlichen Zielen einen höheren Stellenwert zu geben, hilft jedem Talent enorm!

Welche Spieler wir in der Bundesliga sehen

Ich bin der festen Überzeugung, dass nicht unbedingt die fußballerisch talentiertesten Spieler in Europas Topligen spielen. Es sind vielmehr diejenigen mit der größten Willensstärke, die es am meisten gewollt haben, dort anzukommen, und die in der Lage waren, sich in ein Gefüge einzuordnen. Es sind die Spieler, die in der Lage waren, Misserfolg auch einmal wegzustecken und sich permanent zu verbessern. Es sind die Spieler, die nie aufgegeben haben und die auch den Blick für andere hatten. Für mich selbst ist oft der beste Spieler der, der anderen zur Bestleistung verhilft. Durch diese wichtigen Komponenten der Persönlichkeit lassen sich Defizite im fußballerischen Bereich bestens ausgleichen. Unerlässlich bleibt bei allem die Unterstützung durch Eltern, Trainer, Mitspieler oder Freunde.

Schlussendlich bin ich überzeugt davon, dass sich die hier dargestellten Attribute der Talent- und Persönlichkeitsentwicklung auf alle anderen Lebensbereiche übertragen lassen. Denn die Entfaltung solcher Begabungen und Fähigkeiten hilft in der Familie, der Schule, im Freundeskreis, der Liebe und später im Beruf. Insofern hat die Entwicklung von fußballerischem Talent eine große Bedeutung für das Leben generell! Die Grundvoraussetzung für jedes Talent lautet dabei: Vergiss nie, warum du angefangen hast, Fußball zu spielen. Deine Hauptmotivation ist die Freude, die Begeisterung, der Spaß am Spiel! Diese Begeisterung darf dir nie verloren gehen!

Was darüber hinausgeht

Eine Begabung für den Fußball braucht Pflege, um »veredelt« zu werden. Jeder muss auf dem Fußballfeld den optimalen Platz für sich finden: Sturm, Mittelfeld, Verteidigung ... Und im Leben ist es genauso. Wer die jungen Spieler begleitet, wird dies beachten – und ihnen die Gelegenheit geben, beides, den Fußball und das »andere« Leben, zu realisieren.

Aufgabe von Leistungszentren

Am 1. November 2010 wurde im Leistungszentrum von Eintracht Frankfurt das Internat mit acht Appartements eröffnet. Die Zimmer sind hell und geräumig. Wer einzieht, findet einen Schreibtisch, das Bett, das eigene Bad und den Internetanschluss bereits vor. Seit der Einrichtung des Internats ist es möglich, auch hoffnungsvolle Talente gezielt zu fördern, die bis dahin für die regelmäßige Teilnahme am Training in zu großer Entfernung wohnten.

»Die Aufgabe eines Leistungszentrums ist es, so viele junge Spieler wie möglich an die Profis heranzuführen«, erklärt Karl Rotter. Mussten sich Bundesligavereine früher damit begnügen, talentierte Jugendliche aus dem nahen Umkreis von vielleicht 50 Kilometern zu sammeln und zu fördern, bieten Internate nun die Möglichkeit, auf Bundesebene zu scouten. Wie schnell dieser Vorteil auch zum Nachteil werden kann, erläutert Rotter aus Frankfurter Perspektive so: »Das bedeutet, dass etwa die TSG 1899 Hoffenheim in Frankfurt scoutet. Man schaut sich Spieler hier an und versucht, sie zum Besuch des Internats dort zu bewegen. Die Herausforderung für uns heißt darum: Man muss mithalten, auch weil Talente aus dem Ausland den Weg in die deutschen Internate finden.« Dass gerade die Konkurrenz aus Hoffenheim so groß ist, begründet Anton Schumacher so: »Das ist nun mal ein Dorf. Dementsprechend hat der Verein kein Einzugsgebiet und ist auf seine Internatsplätze komplett angewiesen.«

Beide Frankfurter Trainer sind sich einig darin, dass das Einzugsgebiet Frankfurt/Rhein-Main zunächst einmal groß genug ist, um gute Spieler für jede Altersklasse zu finden. Und ein regionaler Bezug ist auch erwünscht. Darum werden Internatsplätze nur vereinzelt zur Verfügung gestellt. Aber, so Anton Schumacher: »Wir sind froh, nun die Möglichkeit zu haben, einem interessanten Spieler, etwa aus Nordhessen, über das Internat ein Engagement bei der Eintracht zu ermöglichen. Wir hatten hier auch schon Jungs aus Aschaffenburg, aus Mannheim, auch aus Osnabrück, wobei das schon exotisch war. Aktuell haben wir im Internat einen Spieler aus Kamerun, der aber bereits Freunde im Raum Frankfurt hatte.«
Über die Zeit vor dem Internat erzählt Karl Rotter mit Staunen: »Wir hatten Spieler hier, die 200 Kilometer Anfahrt in Kauf nehmen mussten. Das war unfassbar, wie diese Jungs das durchgehalten haben: Vier Mal in der Woche mit dem Zug zu fahren, im Zug die Hausaufgaben zu machen, dann hier zu trainieren und abends wieder nach Hause zu fahren. Die Belastung war enorm. Jetzt können solche Jungs bei uns wohnen und aus ihrer Wohnung direkt zum Training auf den Sportplatz gehen.«

Leben im Internat

Wer einen der begehrten Plätze im Internat bekommt, muss sich auf eine Menge Disziplin und sehr viel Verzicht einstellen, denn der Tagesplan ist straff: »Er geht morgens um 7 Uhr los mit dem Gang zur Schule«, sagt Karl Rotter. »Nach der Schule gibt es Essen in der Vereinsgaststätte. Danach gibt es eine Hausaufgabenbetreuung. Dabei werden wir von mehreren Lehramtsstudenten und auch einem pensionierten Gymnasiallehrer für Mathematik unterstützt. Wir können Unterstützung in allen Fächern und in der Vorbereitung auf Prüfungen anbieten. Nach den Hausaufgaben geht es auf den Platz zum Training. Nach dem Training und dem Abendessen sitzt man vielleicht noch eine Stunde im Gemeinschaftsraum zusammen und anschließend geht es ins Bett. An den Wochenenden stehen entweder Spiele an oder Turniere, auf Bundesebene oder auch im Ausland. Das bedeutet: Die Jugendlichen müssen auf viel Freizeit verzichten und das Leben besteht eigentlich aus Schule und Fußball.« Auf die Frage, wie es mit Ferien aussieht, antwortet Anton Schumacher: »In den Ferien wird es extrem. Man darf nicht vergessen, dass unsere Jungs altersmäßig in die Pubertät fallen. Und da vergleicht man sich natürlich mit den Freunden und deren Möglichkeiten. Die einen sind im Urlaub, die anderen im Freibad. Sie haben eben Schulferien. Hier bedeuten Ferien, dass der Trainer sagt: ›Super. Dann können wir zwei Mal am Tag trainieren, zum Teil drei Mal‹. Das gehört zu den heftigsten Unterschieden.«

CHER ist 27 Jahre alt. Früher war er
ter Fußballer. Mit knapp 20 Jahren aber wurde er
etzungen so eingeholt, dass er den Traum von einem
musste. Er entschied sich für
itgleich das Amt des Trainers
nem Stammverein im Taunus
sein Einstieg in
fahrungen dort br
uszubauen. Das Ab
rainerscheine bis zur A-Lizenz pa
em Pädagogikstudium gut zusammen.
weile ist der Diplompädagoge nicht nur
trainer der U14, sondern seit März 2012
Leiter des Internats.

Dass sich ihre Jungs auf so viele Entbehrungen einlassen, erklärt Karl Rotter damit, dass sie alle einen Traum haben. »Jeder, der hierherkommt, möchte Profifußballer werden. Wir versuchen, sie bei ihrem Traum zu unterstützen, wohl wissend, dass es nicht jeder schaffen wird, vielleicht sogar nur die wenigsten. Und auch darum versuchen wir, darüber hinaus die Jungs aufs Leben vorzubereiten. Es ist uns wichtig, dass sie einen Schulabschluss und damit ein zweites Standbein haben, wenn es mit dem Profifußball nichts werden sollte. Dann müssen sie eine Ausbildung machen oder ein Studium aufnehmen können.« Und Anton Schumacher relativiert auch die Frage nach den Entbehrungen: »Klar ist das ein hoher Aufwand und letzten Endes richtig Arbeit. Aber unsere Jungs kommen auch gerne hierher. Sie leben ihr Hobby

ARL ROTTER ist 37 Jahre alt. Eine schwere Knieverletzung
Alter von 15 Jahren zwang auch ihn, den Traum von eine
fi-Karriere früh aufzugeben. Als er selbst nicht mehr s
nte, fing er an, Jugendmannschaften zu trainie-
Er gehört seit 10 Jahren zum Trainerstab
racht. Dort trainiert er die U13-Manns
sich das mit seinem Beruf als Le
ombinieren lässt. Mit der E
t-Internats wurde ihm d
ung angeboten. Er reduzier
le an der Schule und arbeitet
ber Stelle im Internat und an de

aus und ihre Leidenschaft. Hier werden Freundschaften geschlossen, denn wer hier ist, funkt auf einer Wellenlänge. Hier werden gemeinsam Lebenseinstellungen entwickelt. Sie sind gerne hier, gehen sogar gerne in den Kraftraum. Natürlich gibt es Tage mit weniger Lust daran, aber unterm Strich sieht man schon lachende Gesichter, wenn unsere Spieler hierher zum Training kommen. Das möchte ich an dieser Stelle unbedingt festhalten!«

Faszinierende Zwischenetappen

Wer über den hohen Preis spricht, den junge Spieler für die Verwirklichung ihres Traumes zahlen, soll auch wissen, was dafür alles geboten wird. »Wir haben viele Turniere im Ausland«, erzählt Karl Rotter, »angefangen mit der U13, mit der die Auslandsfahrten beginnen, etwa in Belgien mit internationalen Top-Mannschaften wie Chelsea London, Ajax Amsterdam, Tottenham Hotspurs oder FC Kopenhagen. Ganz Europa ist bei diesen Turnieren vertreten. Dann sind wir länger in Luzern und spielen ein Turnier mit allen Schweizer Top-Clubs in wunderbarem Ambiente am Fuß der Berge. Highlight am Saisonende ist ein Turnier in Mailand mit Spielen gegen die italienischen Top-Clubs. Da erlebt man auch kulturell einiges, schaut sich Mailand an und nimmt an einer Stadionführung teil. Das alles setzt sich fort über die U14, die neuerdings nach Aserbaidschan fliegt. Die U15 und die U19 sind regelmäßig in den USA, in Dallas, bei Turnieren. Also die Jungs erleben viel. Und jetzt kam neuerdings für die U13 eine Einladung nach Süd-Korea. Das alles ist insgesamt sehr reizvoll. Welche Gleichaltrigen sonst haben solche Möglichkeiten, so viel von der Welt zu sehen?«

Erwartungen an die Spieler – Leitgedanken des Leistungszentrums

Für das Miteinander im Leistungszentrum haben die Verantwortlichen einen schriftlichen Verhaltenskodex fixiert, der für alle

Mannschaften gilt. In ihm geht es um Disziplin, um Ordnung, Gewissenhaftigkeit, um gesunde Ernährung, um eine sportlergerechte Lebensführung, um Toleranz und Teamgeist, um den Fair-Play-Gedanken. Das Einhalten dieser Regeln wird im Leistungszentrum generell von allen Spielern erwartet. Besonders für das Internat betont Anton Schumacher: »Uns geht es insgesamt darum, zu gewährleisten, dass unsere Spieler uns später einmal als Persönlichkeiten verlassen, wohin ihr Weg auch führt. Sie sollen ordentlich aufgestellt sein, wissen, was auf sie zukommt, wenn sie einen eigenen Haushalt führen, praktische Dinge beherrschen, wie die Anmeldung eines Autos, die Bewerbung um einen Ausbildungsplatz oder die Immatrikulation an einer Hochschule. Unser Ziel ist es, dass die Jungs, unabhängig von ihrem sportlichen Werdegang, etwas mitbekommen für den guten Umgang miteinander, in der Lebensführung – einfach von dem, was ihnen zugute kommt.«
Dass sich am Verhaltenskodex die Geister scheiden können, gibt Karl Rotter unumwunden zu: »Manche nehmen die Punkte an, andere widersetzen sich, weil viel Verzicht damit verbunden ist. Unsere Jungs müssen sehr viel Disziplin und auch Selbstdisziplin zeigen. Andere 16-/17-Jährige gehen das ganze Wochenende Party feiern und trinken. Das findet bei uns nicht statt. Andere treffen sich mit Freundinnen oder Freunden. Hier besteht das Leben nur aus Fußball und Schule. Viel Zeit, um sich mit Freunden zu treffen oder feiern zu gehen, bleibt nicht. Insofern stellt sich angesichts des Kodex für unsere Jungs die Entscheidungsfrage: Was mache ich? Will ich das eine oder will ich das andere? Die Erfahrung, die wir hier machen, auch im Blick auf den späteren Einstieg ins Berufsleben, lautet: Die Jungs, die fußballerisch ihren Weg im Leistungszentrum gegangen sind, sind viel selbstdisziplinierter, ordentlicher und auch arbeitswilliger als andere Jugendliche. Kann natürlich sein – bis jetzt ist es noch nicht passiert –, dass irgendwann mal einer zu uns mit dem Vorwurf

kommt: ›Ihr habt mir meine Jugend genommen. Ich konnte in meiner Jugend nichts machen. Und Profifußballer bin ich auch nicht geworden. Ihr habt mir das alles genommen.‹ Kann sein, dass das irgendwann passiert. Aber im Endeffekt war es eine freiwillige Entscheidung und wer diese Selbstdisziplin vorweist, wird auch im Leben später besser zurechtkommen. Davon bin ich überzeugt.«

Zur Bedeutung und zum Einfluss von Eltern

Weil die Nachwuchsarbeit in der U10 beginnt, also mit 9- bis 10-jährigen Jungs, ist das Mitwirken der Eltern unverzichtbar. Anton Schumacher sagt: »Die Eltern sind diejenigen, die größten Aufwand betreiben, indem sie die Jungs zum Training fahren und zum Auswärtsspiel. Dass wir mit Mannschaftsbussen unterwegs sind, beginnt erst ab der U17. Auch der finanzielle Aufwand ist groß. Aber die Eltern stehen voll hinter unserer Arbeit. Und wir haben umgekehrt großen Respekt vor dem, was die Eltern leisten. Problematisch wird es allerdings, wenn Eltern aus diesem Aufwand heraus die Legitimation herleiten, sich auch sportlich einmischen und auf den Trainer Einfluss nehmen zu können, mit Fragen wie: »Warum spielt mein Kind nicht, während der andere aufläuft?« Das geht gar nicht, wird aber ein ewiges Spannungsfeld bleiben. Allerdings hat da jeder Trainer auch seine eigene Marschroute, die er am Elternabend vor einer Saison bekannt gibt. Bei der Gelegenheit wird auch der Austausch mit den Eltern so verabredet, wie es der Trainer für richtig hält. Insofern weiß jede und jeder, was gestattet ist und was nicht.«

Und der Einfluss von Spielerberatern?

Bereits ab der U15 steht etwa die Hälfte der Spieler unter dem Einfluss von Beratern. In der U17 und U19 sind Spieler ohne Berater die Ausnahme. Vom Grundsatz her gehen die Trainer bei Anfragen von Agenturen das Thema sachlich an. Anton Schumacher sagt: »Wir versuchen, uns in dieser Frage sehr neutral zu verhalten, auch weil wir Spieler haben, die bei den jeweiligen Agenturen bereits unter Vertrag sind. Insofern wollen wir nicht abraten, sind zugleich aber weit davon entfernt, jemandem zu raten, dass er im Alter von 13 oder 14 Jahren einen Spielervermittler brauche. Wenn Anfragen höflich gestellt werden, vermitteln wir Agenturen den Kontakt zu den Eltern, die das dann entscheiden sollen. Wenn die Eltern Fragen haben, stehen wir für sie natürlich bereit und schildern ihnen unsere Sicht.« Wie problematisch aber der Einfluss von Spielervermittlern sein kann, weiß Karl Rotter aus leidvollen Erfahrungen zu berichten: »Die Jungs sind noch nicht so weit und die Eltern haben auch nicht unbedingt Ahnung von dem Geschäft, sodass sie einschätzen können, ob sie das brauchen oder nicht. Oft wird das Thema zu einer Prestigefrage: ›Ich habe einen Berater‹ spielt dann so eine Rolle wie ›Ich habe den neuesten Schuh von XY‹.« Ob also Jugendliche in der U14 wirklich einen Berater brauchen, bezweifelt Karl Rotter stark: »Zumal die Berater den Jungs schon ordentlich den Kopf verdrehen. Man muss sich nur mal ein U19-Spiel ansehen und nach dem Spiel in unsere Vereinsgaststätte gehen. Da sitzt dann der Berater von diesem Spieler mit den Eltern zusammen und da noch einer und dort wieder einer und immer noch einer. Das muss man wirklich mal erlebt haben und am besten dabei zuhören: ›Ja, du hast heute im Spiel das und das gut gemacht …‹ Das zu beurteilen ist aber eigentlich die Sache des Trainers und nicht des Beraters. Und es gibt dann auch Berater, die sagen: ›Hör mal, in der nächsten Woche ist ein Nationalmannschaftslehrgang. Dort bist du dabei. Schone dich mal besser im Punktspiel.‹ Das gibt es! Und deshalb fragen wir uns: Braucht man solche Leute?« Den einzigen vernünftigen Sinn von Beratern könnte Rotter darin sehen, dass sie einem Spieler, der sich in dem einen Verein nicht wohlfühlt, durch ihre Kontakte Türen zu einem anderen Verein öffnen. »Aber dieses Kopfverdrehen mag ich gar nicht. Daraus entwickelt sich dann innerhalb der Mannschaften eine Ellbogengesellschaft. Dazu kann ich aus dem Nähkästchen plaudern. Ich saß im Sommer einmal an einem Badesee. Vor mir saß ein U23-Spieler, der damals erst zu uns gewechselt war. Ich kannte ihn, er mich aber höchstens vom Sehen. Er hat auch gar nicht wahrgenommen, dass ich hinter ihm saß. Ich hörte ihn jedenfalls mit seinen Kumpels reden, als der eine ihn fragte: ›Und, spielst du am Sonntag? Oder hast du Konkurrenz auf deiner Position?‹ Und da gab dieser Spieler zur Antwort: ›Ja, ich habe da einen vor mir auf meiner Außenverteidiger-Position. Aber das ist egal. Den haue ich am Freitag im Training um und dann spiele ich.‹ Ich saß da und war geschockt. Aber das kommt als Ergebnis aus diesem Kopfverdrehen heraus: Nur du musst spielen, es geht nur um dich. Der Mannschaftsgedanke kann unter solchen Umständen früh verloren gehen. Besonders wenn die Spieler zu sehr auf den Berater hören. Dafür gibt es Beispiele. Wir hatten hier schon eine A-Jugend, die aus der damaligen Regionalliga, die Bundesliga gab es noch nicht, abgestiegen ist. Aus dieser Mannschaft sind später sechs Profis hervorgegangen. Aber: Was den Charakter angeht, hatten diese Individualisten der Mannschaft nichts zu bieten. Null! ›Ich mach mein Ding, ich muss meinen Vertrag holen‹, das ist eine Haltung, die durch die Berater leider häufig hereinkommt.«

Vom Teamgeist – und dass mich mein Konkurrent besser macht

Der Einstieg bei uns ist leicht, sagt Anton Schumacher: »Die Jungs bekommen von Anfang an mit, wie das hier läuft. Sie haben ein Probetraining, sie müssen vorspielen, sie sehen, wie ausgewählt wird, sie erleben auch, dass man nicht unbedingt der Beste ist, wenn man hier anfängt, Fußball zu spielen. Dann beginnt die Teambildung in den einzelnen Mannschaften, in denen wir bereits versuchen, unseren Ausbildungsgedanken vom Teamgeist voranzutreiben. Bis zur U13 bekommen alle ihre garantierte Spielzeit. Bei Karl Rotter ist es so, dass er auf Top-Niveau eher Testspiele macht und dabei den Luxus hat, dass alle Spieler zum Einsatz kommen können. Darum ist es bis dahin relativ einfach, das Team als solches funktionieren zu lassen.« Wie das funktioniert, erklärt Karl Rotter genauer: »Weil wir in den zurückliegenden Jahren im U13-Ligabetrieb allen Gegnern gnadenlos überlegen waren, haben wir beschlossen, aus dem Ligabetrieb auszusteigen und Woche für Woche gegen andere Top-Mannschaften zu spielen. Das heißt, wir bestreiten Freundschaftsspiele. Wir spielen auch nicht die vorgesehenen 2 x 30 Minuten, sondern wir spielen 3 x 30 Minuten. Damit kann jeder Spieler genügend zum Einsatz kommen. Und wir nehmen auch immer alle Spieler mit, es sei denn Krankheit oder Verletzung verhindern das. Und weil jeder seine Einsatzzeiten hat, herrscht bei uns noch keine Konkurrenzsituation. Der Teamgeist wächst auch durch die Erfolge, die wir miteinander feiern. In der letzten Saison haben wir das Turnier in Luzern gewonnen. Danach war die Stimmung natürlich ganz oben. Oder das Turnier in Mailand, das haben wir schon drei Mal gewonnen. Das beflügelt natürlich die Jungs und schweißt sie zusammen. Wenn man gemeinsam Erfolge feiern und eine gute Zeit verbringen kann, werden Mannschaftskameraden auch zu Freunden.«

Der Übergang von der U13 zur U14 bedeutet einen Schnitt, weil es mit den Ligaspielen losgeht und man Punkte braucht. »Das ist der Zeitpunkt«, sagt Anton Schumacher, ab dem »nur noch die Besten des Kaders zum vollen Einsatz kommen. Und da wird es dann schwierig. Denn das bedeutet knallhart: Ich habe 20 Jungs im Kader, am Wochenende aber können höchstens 15 von ihnen spielen, weil man bei uns vier Mal auswechseln darf. Das bedeutet zwangsläufig, dass ein Viertel meiner Spieler absolut in die Röhre gucken müssen und acht von ihnen nur teilweise gespielt haben. Darum versuche ich, den Jungs ab Saisonbeginn immer wieder klarzumachen, dass wir uns das, was am Wochenende passiert, unter der Woche als ganzes Team erarbeitet haben: Dass wir als Mannschaft trainieren, dass wir uns gegenseitig besser machen, gerade auch weil wir Konkurrenten sind. Und jeder auf der Bank muss wissen, dass sein Konkurrent, der spielt, am Wochenende nur deshalb so stark sein kann, weil er unter der Woche vom anderen angestachelt wurde. Dass mich mein Konkurrent besser macht, mich letztlich zur Höchstleistung bringt, ist ein wichtiger Gedanke. Deswegen ist es, auch wenn ich heute nicht nominiert bin, in der Woche aber gut trainiert und gearbeitet habe, mein Anteil mit, wenn mein Konkurrent auf dem Spielfeld glänzt und heute mehr zum Sieg beitragen kann als ich, der ich draußen bin. Welchen Anteil du als Mitspieler auf der Bank am guten Spielverlauf hast, versuche ich immer wieder dick zu unterstreichen. Und auch, dass es in der nächsten Woche schon wieder genau umgekehrt sein kann.« Und Karl Rotter ergänzt, dass sich Teamgeist bis in den Profibereich an den Reaktionen nach einem Torerfolg ablesen lässt: »Wie ist die Reaktion auf der Bank? Freuen die sich mit? Und wenn sie sich mitfreuen, ist das gespielt? Oder kommt es von Herzen, weil sie begriffen haben, dass auch sie unter der Woche ihren Anteil am Erfolg geleistet haben.«

Zwischen Sympathie und realistischer Einschätzung

Auf die Frage, ob die Mannschaftsaufstellung auch beeinflusst werden könnte von der Sympathie oder Antipathie zu Spielern, sagt Anton Schumacher: »Ich will mich von eigenen Sympathien nicht freisprechen. Es kommt immer wieder vor, dass man sofort seine Jungs hat, bei denen man sieht: Das ist die Art und Weise, auf die man, was das Fußballspielen angeht, selbst auch steht. Und dann hat man tatsächlich seine Favoriten. Aber das wird objektiviert, weil wir in Trainerteams arbeiten. Auch unsere Assistenztrainer sind supergute Jugendtrainer, die an vielen Stellen

Cheftrainer sein könnten, aber lieber hier arbeiten. Mein Austausch findet immer mit dem abgebenden Trainer statt und ich spreche auch viel mit dem übernehmenden Trainer. Dazu kommt täglich auf dem Platz der Austausch mit meinen beiden Assistenten. Das schließt weitgehend aus, dass ein Spieler zu kurz kommt. Natürlich kann es vorkommen, dass man selbst die ein oder andere Entwicklung übersieht. Aber zu dritt oder gar zu fünft entgeht einem das nicht. Und weil wir den Luxus der Trainerteams haben, trainieren wir oft in Kleingruppen. Darum bin ich nie alleine für alle 20 Spieler zuständig. Wenn dann beim Abschlussspiel doch alle zusammenkommen, schauen immer noch vier oder sechs Augen auf das Geschehen. Aber besonders in den Kleingruppen entgeht einem keiner.«

Dass es dennoch immer wieder, auch bei anderen Vereinen, zu Fehleinschätzungen von Spielern im Blick auf Entwicklungspotenziale kommen kann, räumt Karl Rotter freimütig ein. »Das kann man nicht ausschließen. Man erlebt das immer mal wieder, dass man den ein oder anderen Spieler nicht so stark sieht und ihm keine Spielmöglichkeit einräumt. Der geht dann zu einem anderen Verein, hat plötzlich einen Trainer, der auf ihn setzt, der irgendetwas in dem Spieler sieht, ihm die Chance gibt – und dieser Spieler blüht auf und entwickelt sich plötzlich ganz anders. Ich behaupte immer, man muss im Fußball zur rechten Zeit am rechten Ort sein. Beispielsweise Marko Marin, über den erzählt wird, dass wir ihn weggeschickt hätten, weil er angeblich zu klein gewesen sei. Das stimmt aber nicht. Er ist seinerzeit von sich aus nach Gladbach gewechselt und ich behaupte im Blick auf Marko: Wegzugehen war das Beste, was er machen konnte. Bei uns wäre er vermutlich nie Profi geworden, denn zu seiner Zeit wurde in unserem Profikader sehr defensiv und auf Sicherheit gespielt. Da hätte ein kreativer Spielmacher wie Marko Marin gar keinen Platz im Spielsystem gehabt und wäre nie Profi geworden. In Gladbach dagegen wurde auf kreative Spieler gesetzt und da hat er den Durchbruch geschafft. Wie gesagt: Man muss zur rechten Zeit am rechten Ort sein. Und diese Missverständnisse, dass man einem Spieler sagt, du hast bei uns keine Perspektive mehr, ihn wegschickt und er schlägt woanders ein, die hat man immer wieder. Das passiert nicht nur uns. Das passiert allen. Denn keiner ist perfekt und keiner kann hundertprozentig sagen, wie Entwicklungen vorangehen.«

Einvernehmliche Trennungen

Wenn die Entwicklung von Spielern stagniert, wenn absehbar ist, dass sie sich in ihrer Altersstufe nicht durchsetzen, kann es zur Trennung kommen. Zu diesem Prozess sagt Karl Rotter: »Wenn man mit der Zeit merkt, dass sich nichts verbessert, dass der Junge offenbar sein Limit bereits erreicht hat, spricht man im Team über dieses Thema. Wir machen das so, dass sich der aktuelle Trainer mit dem aufnehmenden Trainer verständigt und noch der nächsthöhere Trainer hinzugezogen wird. Dann schauen und besprechen wir gemeinsam: Geben wir ihm noch ein Jahr in der U14, weil er vielleicht doch den Sprung in die U15 packt, oder gibt es keine Aussicht? Fällt das Ergebnis negativ aus, teilen der abgebende und aufnehmende Trainer das in einem Gespräch dem Spieler mit. Klar sind etliche Jungs dann enttäuscht oder zutiefst beleidigt, das hat man immer wieder. Es gab auch schon einen, der so sauer war, dass er mir einen Stuhl hinterhergeworfen hat. Und dann gibt es Spieler, die das verstehen, die selbst gemerkt haben, dass die Beurteilung stimmt. Und in aller Regel versuchen wir ja auch, etwas anzubieten. Wir kümmern uns trotzdem noch um sie. Wir stellen den Kontakt zu befreundeten Vereinen her und sagen ihnen: Dorthin könnt ihr gehen. Dort spielt ihr auch in einer höheren Klasse. Und dann lasst uns sehen: Vielleicht entwickelt ihr euch ja in den nächsten zwei Jahren und dann steht unsere Tür wieder offen für euch. Zu den meisten, die sich korrekt verabschieden, hält man sogar den Kontakt. Und man sieht sich ja auch immer mal wieder auf dem Platz – und irgendwo ist dann keiner dem anderen böse, dass es nicht gelangt hat. Allerdings – wenn einem ein Stuhl hinterhergeworfen wird, ist die Sache schnell erledigt.« Im Blick auf die Gesprächsführung in diesem Fall ergänzt Anton Schumacher: »Wir achten in jedem Fall sehr genau darauf, dass es nicht auf die Schiene geht: ›Du bist zu schlecht. Das reicht nicht. Punkt.‹ Es geht vielmehr in die Richtung: ›Was du brauchst, können wir dir im nächsten Jahr nicht bieten, nämlich dass du von 26 Ligaspielen nach Möglichkeit 22 machst. Das wird hier nicht möglich sein, weil es aktuell Jungs gibt, die einen Schritt weiter sind. Versuch doch, dich bei einem anderen Verein zu empfehlen und da wieder Anschluss zu finden. Versuch dort über Einsatzzeiten neu Selbstvertrauen zu entwickeln. Und über diesen zweiten Bildungsweg, wie wir das häufig nennen, kann es gut sein, dass du dich auch wieder für uns hier interessant machst. Wir bleiben in Kontakt.‹ Und es gibt das ein oder andere Beispiel, dass wir einen Spieler wieder geholt haben, bei dem man auch im Nachhinein sagen musste: Das war seinerzeit die richtige Entscheidung. Wir reden dann auch nicht von Fehlern, wenn wir jemanden in der B-Jugend wieder holen, den wir nach der U13 weggeschickt haben. Er ist seinen Weg woanders gegangen, hat eine Entwicklung genommen, die bei uns für ihn nicht möglich gewesen wäre. Er hat an anderer Stelle sein Durchsetzungsvermögen bewiesen, und jetzt passt es wieder.«

Der Traum vom Profi – und Solidarität mit dem, der es gepackt hat

Der größte Traum, der Karl Rotter und Anton Schumacher bis in die anstrengendste Trainingseinheit ihrer Jungs begegnet, ist der, Profi zu werden. Mit Augenzwinkern sagt Anton Schumacher: »Ich habe noch keinen erlebt, der hierherkommt und sagt: ›Ich möchte Theologe werden. Oder Rechtsanwalt oder Börsenmakler.‹ Die Jungs wollen Profifußballer werden. Sie wissen, dass sie gut

sind. Sie wissen, dass es etwas Besonderes ist, für diesen Verein zu spielen. Sie erkennen aber auch schnell, dass es viele Gute gibt und dass die Luft nach oben immer dünner wird. Dennoch bleibt der Haupttraum: vor 50.000 Zuschauern aufzulaufen, seinen Namen zu hören, Fußball zu spielen und im Fernsehen gesehen zu werden. Das steht an erster Stelle – und nicht das Geld. Natürlich wissen sie auch, dass der gut verdient und keine finanziellen Sorgen mehr hat, der es bis ganz oben schafft. Aber in erster Linie geht es um den Sport, diesen auf Top-Niveau zu betreiben! Das Geld ist ein toller Nebeneffekt, aber nicht die treibende Kraft.«
Mit sympathisierender Sorge beobachten die Trainer darum auch, wenn ihren in den U-Mannschaften jeweils besten Spielern der Durchbruch nicht so gelingt wie erträumt. Zu ihnen gehört Sonny Kittel, der in seinem Jahrgang ein Star war, der Spiele alleine entscheiden kann und der mit seiner A-Jugend Deutscher Meister wurde. Er bekam einen Profivertrag bei Eintracht Frankfurt – und wird dort kaum eingesetzt. Über ihn und die jungen Spieler insgesamt sagt Karl Rotter: »Ich kenne Sonny sehr gut. Er hat auch bei mir fast zwei Jahre gespielt. Und jedes Mal, wenn ich ihn treffe, erzählt er ein bisschen. Ich habe ihn gerade bei einem Spiel in Gießen getroffen, wo sein kleiner Bruder spielt. Er hat zugesehen und auch von seinem Frust erzählt, wie unglücklich er doch sei, kaum zum Einsatz zu kommen. Und zugleich«, sagt der Trainer, »richtet sich der Blick schon auf den nächsten Hoffnungsträger, sprich: Marc Stendera. Der hat in der letzten Saison tolle Spiele gemacht. Er feierte sein Bundesliga-Debut gegen Bayern München. Toller geht es gar nicht mehr. Seit ich hier hauptberuflich arbeite, war es mit das Schönste überhaupt, erleben und sehen zu können: Da hat es einer geschafft. Und dabei vergesse ich nicht, wie viel Zeit Karl Rotter in die Nachhilfe investiert hat und wie viel Sorgen man zum Teil mit dem Kerl hatte – und dann packt er seinen Weg! Alle haben mitgefiebert –

alle Jugendtrainer, selbst die, die ihn gar nicht trainiert haben, und die Spieler ohnehin. Einer aus unseren Reihen! Das ist eine tolle Sache. Und darum ist man eher geneigt, sich wieder daran zu orientieren, an dem Positivbeispiel. Auch wenn er durch seine schwere Verletzung gerade eine harte Zeit durchmacht. Dass es jemand bis ganz nach oben schafft, pusht schon. Das merkt man besonders bei den ganz jungen Jahrgängen.« »Das möchte ich unterstreichen«, ergänzt Karl Rotter, »wenn das Gespräch darauf kommt, dass Sonny Kittel einmal hier gespielt hat, dann interessiert die Jungs nicht, ob er jetzt auch bei den Profis aufläuft oder nicht. Dass er es überhaupt gepackt hat, dass das nicht unmöglich ist, sondern dass es geht – das ist für viele der entscheidende Punkt.«

Orientierung für das Zusammenspiel

Unsere Ahnen waren Nomaden, die in Zelten lebten und von Weide zu Weide zogen. Ursprüngliche Lebensform war die Familie, die damals schon drei bis vier Generationen umfassen konnte. Und in der Familie genoss der Einzelne Schutz und Recht. Eine übergeordnete Rechtsinstanz gab es noch nicht. Doch von Anfang an galten Regeln, zum Beispiel, dass die Gemeinschaft Vorrang vor dem Einzelnen hat, und die der Gastfreundschaft gegenüber Fremden. Mit der Sesshaftwerdung wurden aus Nomaden Dorfbewohner. Nun musste das Zusammenleben neu geregelt werden: Fragen nach Grundbesitz und Erbe, Umgangsformen in der Familie und Nachbarn gegenüber, Strafen für Diebstahl und Gewalt. Die vielen Rechtstexte aus den fünf Büchern Mose, die zum Anfang der Bibel gehören, stammen aus diesen Zusammenhängen. Unter diesen »Spielregeln für das Zusammenleben« aber sind die Zehn Gebote die wichtigsten (2. Mose 20,1ff).

Warum der Fußball Regeln braucht

Jeder, der etwas macht, muss wissen, in welchem Rahmen er sich bewegen kann. Regeln, das hört sich immer nach Einengen an. Ich sage lieber: Jeder braucht einen gewissen Leitfaden. Ich brauche einen Leitfaden im Leben, ich brauche einen Leitfaden auch für ein Spiel, etwas, was mir eine Orientierung gibt. Ich bin überzeugt davon, dass es in keinem Bereich des Lebens ohne Orientierungshilfen geht. Gerade junge Menschen brauchen das. Und ich sehe Regeln eben nicht als etwas, was einengt, sondern als etwas, was mir hilft, den Weg zu finden oder das Richtige zu tun. Und gerade bei Schiedsrichtern, besonders bei jungen, merken wir, dass sie die Leitfäden brauchen, auf die sie gerade dann zurückgreifen können, wenn eben mal nicht sieben Sonnen lachen, alles toll ist und sich einfach darstellt, sondern wenn sie in Schwierigkeit geraten, wenn Widerstände kommen – dann brau-

chen sie in den sogenannten Stresssituationen etwas, an dem sie sich orientieren können. Es gibt Leute, die sagen: »Lutz Wagner, wie würdest du folgende Regelfrage oder folgende Situation beantworten?« Ich antworte dann: »Was würde dir, als Freund des Fußballs, am meisten Freude machen? Wie hättest du gern dieses Problem, das jetzt da ist, im Sinne des Fußballs gelöst?« Und dann erarbeiten wir diese Lösung, um im nächsten Schritt zu prüfen, ob sie in den Regelrahmen hineinpasst. Nehmen wir das Beispiel »Abseits.« Es gibt die Meinung, dass Abseits-Stehen immer strafbar sein soll. Man muss sich aber die Folgen vorstellen: Wenn das so käme, würde der Linksaußen vielleicht drei Zentimeter im Abseits stehen und ein anderer schießt aus 20 Metern ein wunderschönes Tor. Das würde dann nicht zählen. Und das wäre doch nicht im Sinne des Fußballspieles. Würde man Abseits total abschaffen, würde das heißen, es steht da vorne immer einer beim Torwart, um die Kugel aus nächster Nähe reinzuschieben. Aber was würde passieren? Das Spiel würde an Dynamik verlieren und statischer werden.
Ich muss also immer Plus und Minus abwägen. Und, jetzt frage ich wieder von der praktischen Seite her: Was macht denn den Fußball so interessant? Und da gehört nach meiner Meinung das Abseits dazu. Außerdem steht keiner gerne im Abseits und sollte sich immer bemühen, sich wieder ins Spiel einzubringen. Da ist das Abseits auch eine Aufforderung. Hinzu kommt, dass ich ein Nostalgiker bin und meine, man muss nicht ständig hinterfragen, was sich über 100 Jahre bewährt hat.

Was ein Schiedsrichter alles können muss

Ein Schiedsrichter braucht gute Nerven. Dafür muss er im Vorfeld etwas tun, sodass er in entscheidenden Momenten nicht in Stress verfällt. Denn Stress oder nervenaufreibende Situationen kann ich beim Fußball nicht ausschließen. Die kommen immer wieder. Ich muss lernen, mit diesen Situationen umzugehen. Und wenn

ich das Gefühl habe, ich komme in eine Situation, die mich stressmäßig stark belastet, dann muss ich wissen, dass ich einen »Werkzeugkoffer« dabeihabe, mit dem ich das Problem mit Sicherheit lösen kann. Und je mehr »Werkzeuge« ich im Koffer habe, desto gelassener bin ich. Wenn ich als junger Schiedsrichter mit wenig Erfahrung zum Spiel komme und habe ein oder zwei Werkzeuge dabei, und das erste funktioniert nicht, treibt es mir den Schweiß auf die Stirn. Gehe ich als erfahrener Schiedsrichter an ein Problem und weiß, ich habe zehn Werkzeuge im Koffer, kann ich dennoch ruhig bleiben, weil ich noch acht andere im Koffer habe. Ich bin im Endeffekt also für mein Nervenkostüm selbst verantwortlich und muss im Vorfeld etwas dafür tun, dass es nicht so leicht angegriffen wird.
Auch für den Anspruch, immer in Spielnähe zu sein, muss ich etwas tun. Oft wird Spielnähe mit Ballhöhe verwechselt und dazu sage ich nein! Auf Ballhöhe hieße nämlich: Jeder Schiedsrichter muss 22 Zentimeter groß sein. Das ist der Durchmesser eines Balles ... Aber es gibt tatsächlich Grundvoraussetzungen, die ich trainieren kann. Das ist körperliche Fitness, also Kondition, Spurtfähigkeit, alles, was nötig ist, um dem Spiel folgen zu können. Dann gehört das theoretische Wissen dazu, also dass ich die Regeln beherrsche, damit ich weiß, welche Rechte und Pflichten ein Schiedsrichter hat. Das sind die beiden Dinge, die ich planen und trainieren kann. Von den Anforderungen her ist das vielleicht ein Drittel dessen, was ein guter Schiedsrichter braucht.
Hinzu kommen die Erfahrungswerte. Und schließlich noch ein dritter Baustein, das ist das psychologische Einfühlungsvermögen in das Spiel und seine Spieler. Diese drei Bausteine müssen passen, dann wird ein guter Schiedsrichter daraus. Die körperliche Fitness und Regelkenntnis kann ich trainieren. Erfahrungswerte eigne ich mir im Laufe der Zeit an. Das Thema »psychologisches Einfühlungsvermögen in Spiel und Spieler« aber ist nur zum Teil von mir beeinflussbar. Denn da bin ich immer auch von

LUTZ WAGNER ist seit 1977 Schiedsrichter. Mit 197 Bundesliga- und über 100 Zweitligaspielen zählt der selbstständige Fertigungsleiter aus Hofheim zu den Bundesligaschiedsrichtern mit den meisten Einsätzen. Mit Erreichen der Altersgrenze endete seine aktive Zeit in der Saison 2009/10. Seither engagiert sich Lutz Wagner beim Deutschen Fußballbund als Koordinator für Regelauslegung und Basisarbeit in der Schiedsrichter-Kommission und der Nachwuchsförderung im deutschen Schiedsrichterwesen. Seit der Saison 2010/11 ist er als Schiedsrichterbeobachter bis hin zur Bundesliga tätig und Regelberater bei der Übertragung von Fußballspielen im ZDF.

meinem Umfeld abhängig. Insofern ist der Schiedsrichter nur ein Teil des Ganzen und so muss er sich auch verstehen. Er muss sich seiner Aufgabe und Verantwortung bewusst sein. Er kann auch durchaus selbstbewusst auftreten, denn er hat ja Rechte und ist befähigt worden für dieses Spiel. Aber der Mix aus den genannten drei Bausteinen muss stimmen. Deswegen achten wir in der Schiedsrichterausbildung nicht nur auf die Bereiche körperliche Fitness und Regelkenntnis, sondern auch auf die soziale Kompetenz eines Schiedsrichters. Schließlich führt er in den 90 Minuten Menschen. Und erst alles zusammen macht in der Summe den kompletten Schiedsrichter aus. Einer, der nur die Regeln beherrscht und schnell läuft, ist noch kein guter Spielleiter.

Sündenbock Schiedsrichter

Der Druck der Fans wird teilweise überschätzt, denn die Fans sind erst einmal eine anonyme Masse. Wenn in einem Stadion 30.000 johlen, ist das gar nicht so schlimm, wie viele denken. Man nimmt das nur bedingt wahr. Wenn mir auf einem kleinen Sportplatz aber jemand direkt gegenübersteht und mich dann, vielleicht noch nicht einmal polemisch, sondern recht sachlich kritisiert, und das vielleicht sogar noch jemand ist, den ich kenne und dessen Meinung ich auch schätze, erzeugt das einen viel höheren Druck in mir als 30.000, die singen »Hängt sie auf, die schwarze Sau.«

Am nächsten sind mir die Spieler. Wenn meine Maßnahmen bei Spielern nicht ziehen und die Spieler kein Vertrauen haben und mich nicht akzeptieren, macht mir das den größten Druck. Am zweitnächsten ist der Trainer, weil er erheblichen Einfluss auf die Mannschaft hat. Allerdings ist der Druck schon gemäßigter, weil der Trainer nicht auf dem Feld ist, sondern außerhalb. Und erst der dritte Druckfaktor sind Zuschauer.

Natürlich können auch Zuschauer eine Belastung für den Schiedsrichter sein. Aber man wird als Schiedsrichter langsam an dieses Umfeld und diesen speziellen Druck herangeführt. Und man lernt, damit umzugehen. Das geht nicht von heute auf morgen und keiner pfeift an einem Sonntag beim kleinen Dorfverein, und am Sonntag darauf im Bundesligastadion. Denn das würde heißen: einmal vor 300 Zuschauern und dann vor 60.000.

Dass ein Schiedsrichter zum Sündenbock abgestempelt wird, dazu tragen auch die Medien bei. Sie berichten über das, was die Leute hören oder sehen wollen. Mir ist natürlich schon klar, wie die Medien funktionieren. Ein Schiedsrichter etwa taugt viel eher zur Negativ- als zur Positivpresse. Wenn alles gut gelaufen ist, hat mich noch nie ein Reporter gefragt: »Herr Wagner, sagen Sie mal, warum haben Sie in der 32. Minute den Strafstoß so toll erkannt?« Und ich konnte noch nie antworten: »Weil ich heute so gut drauf bin und super motiviert und überhaupt alles gut läuft.« Nein, eine solche Frage habe ich noch nie gestellt bekommen. Wenn ein Schiedsrichter von der Presse gefragt wird, hat er entweder etwas falsch gemacht oder es war höchst umstritten. Das heißt: Als Schiedsrichter muss ich auch Lob durch die Presse anders definieren. Nichtnennung ist für mich höchstes Lob. Wenn keiner etwas von mir will, wenn kein Reporter nach dem Spiel vor der Kabine steht, keiner mich ans Auto verfolgt und vielleicht noch einen O-Ton haben will, dann ist das so viel wert wie bei dem Stürmer, den sie nachher noch drei Stunden durch das Stadion tragen, weil er einen Hattrick geschossen hat. Wenn mir das klar geworden ist, kann ich mit Lob und Tadel, mit Anerkennung oder Nichtanerkennung auch viel besser umgehen. Als ich zum ersten Mal in der Bild-Zeitung mit der Note 5 beurteilt wurde und da stand: »... hat das Geld nicht verdient ...«, bin ich am Sonntag halt nicht zum Brötchenholen gegangen, sondern habe meine Frau geschickt. Aber nach dem dritten Mal war es mir egal. Schließlich gab es auch Spiele, nach denen ich mit einer 2 in der Zeitung bewertet wurde.

Fehlentscheidungen

Ganz wichtig ist erst einmal, dass man überhaupt entscheidet. Aus meiner Sicht ist es in unserer Gesellschaft heute eines der größten Probleme, dass sich viele Menschen vor Entscheidungen drücken, weil sie vor den Konsequenzen Angst haben. Man muss also erst einmal den Mut zur Entscheidung haben. Denn viel schlimmer als eine Fehlentscheidung ist keine Entscheidung. Dann stehen alle hinter einem und warten, man hält den ganzen Laden auf und es geht nicht voran. Wenn ich eine Fehlentscheidung treffe, kann ich Korrekturmaßnahmen ergreifen, ich kann meine Entscheidung analysieren und etwas daraus lernen. Darum muss ich, das ist der erste Schritt, erst einmal bereit sein zu entscheiden – und dabei in erster Linie nicht an Konsequenzen den-

ken, sondern erst einmal die Fakten sammeln und versuchen, richtig zu entscheiden.
Wenn man dann tatsächlich einen Fehler gemacht hat, ist eines ganz klar: Im Spiel darf man daran gar nicht denken, denn dann entsteht die berühmte Konzessionsentscheidung: Man versucht den einen Fehler mit einem anderen wieder auszugleichen. Das ist nicht in Ordnung. Also muss man sich das Nachdenken aufsparen. Das ist eine schwere Übung, an der wir mit jungen Schiedsrichtern arbeiten: Dieses Abhaken im Spiel muss und kann man lernen. Das gelingt nie zu 100 Prozent, weil jeder ein Mensch mit Emotionen ist. Nach dem Spiel aber muss man gewissenhaft eine Fehlentscheidung mit allen Einzelheiten aufarbeiten. Vielleicht war es ein Wahrnehmungsfehler, das kann passieren. Vielleicht komme ich aber auch zu dem Schluss, dass ich falsch gestanden habe, dass ich mich im Vorfeld nicht genug vorbereitet habe. Dann muss ich daran arbeiten. Es bringt nichts, einen Fehler schönzureden, der offensichtlich ist. Wenn es eine strittige Situation ist, kann ich durchaus meine Meinung vertreten. Aber es steht einem Schiedsrichter auch gut zu Gesicht, wenn er sagt: »Ich habe im Spiel aufgrund dieser und jener Faktoren so entschieden. Wenn ich das jetzt hier aus der Sicht der Fernsehkamera sehe, gibt das ein anderes Bild. Darum muss ich sagen, dass ich die Szene falsch wahrgenommen habe. Das war heute mein Fehler.« Ich glaube, sich so zu verhalten, kommt besser an, als sich mit irgendeiner Ausrede aus der Affäre ziehen zu wollen.

Weshalb ich Schiedsrichter geworden bin

Ich bin durch puren Zufall Schiedsrichter geworden. Ich habe für mein Lebtag gerne gekickt. Ich bin nach der Schule nach Hause gekommen und habe gebolzt. Schulaufgaben habe ich morgens vor der Schule gemacht. Und nach der Schule bin ich gleich wieder auf den Bolzplatz. So ging das bei mir. Fußball war einfach mein Hobby. Irgendwann habe ich als 14-jähriger C-Jugendkicker bei einem Spiel einen gleichaltrigen Schiedsrichter gehabt, der seinen Job derart gut gemacht hat, dass ich begeistert war. Und aus Neugier bin ich nachher zu ihm in die Kabine gegangen und habe ihn gefragt, wie man Schiedsrichter wird. Schließlich war ich völlig überrascht, dass man so jung schon Schiedsrichter sein kann. Er sagte mir, wo ich mich melden kann. Ich habe mich dann heimlich angemeldet, weil ich dachte, wenn du durchfällst, muss das keiner wissen. Also habe ich alles derart heimlich gemacht, dass keiner in unserem Verein wusste, dass ich nun Schiedsrichter war. So habe ich 1977 angefangen zu pfeifen. Damit konnte ich auch mein Taschengeld aufbessern. Am Wochenende habe ich zwei, drei Jugendspiele gepfiffen und hatte wesentlich mehr Taschengeld als alle meine Kollegen, was eine prima Sache war. Und ich lernte, Fußball aus zwei unterschiedlichen Perspektiven zu sehen, denn in meiner Mannschaft habe ich ja noch weiter gespielt. Auch aus dieser Erfahrung heraus bin ich bis heute der Meinung, dass ein Schiedsrichter zwar nicht hochklassig gespielt haben muss, aber selbst Fußball spielen sollte, damit er das Gespür für das Spiel nicht verliert, damit er auch merkt, wie weh es tut, wenn man getreten wird, und sich dann viel besser in den anderen hineinversetzen kann. Das erwarte ich vom Spieler übrigens auch, dass er sich einmal Gedanken über die Rolle des Schiedsrichters macht. Insofern tut es jedem Spieler gut, wenn er vielleicht mal irgendwo ein Trainingsspiel pfeift.

Eine Bühne für das ganze Leben

Ich empfinde es so, dass sich oft in 90 Minuten Fußball im Zeitraffer das abspielt, wofür im normalen Leben mindestens zwei oder drei Wochen nötig sind. Da habe ich alles. Angefangen von Freude, Trauer, Emotionen, Begeisterung, internen Konflikten, vom Sich-Behaupten bis zum Unterordnen: Alles, was im ganzen Leben zusammenkommt, präsentiert die Bühne Fußball in kurzer Zeit. Und es muss auch schnell gehändelt werden, das ist eine

Riesenaufgabe und genau deshalb macht es so unwahrscheinlich Spaß. Die Zuschauer haben meines Erachtens deshalb den Spaß, weil sie etwas erleben, bei dem sie vorher nicht wissen, was passiert. Und zum anderen können sie sich so geben, wie sie sich sonst in keinem anderen Lebensbereich geben können. Geh auf die Tribüne. Setz dich neben einen Doktor, einen Juristen oder irgendeinen, der sonst eine Stellung in der Gesellschaft hat, in der er nie so richtig aus sich herausgehen kann. Im Fußball darf er das, völlig ungehindert. Er darf mal jemanden von der Tribüne aus beschimpfen. Er kann eben noch die Meinung A vertreten, um zwei Sekunden später zu behaupten: Alles falsch, B ist richtig. Und keiner zieht ihn dafür zur Rechenschaft. Ich meine, in Familien und in Firmen gäbe es viel mehr Streitigkeiten, wenn es den Fußball nicht geben würde. Im Fußball lässt man vieles ab, was sonst an anderen Stellen herauskäme. Von daher wird vielfach völlig unterschätzt, was der Fußball oder der Sport generell an Bedeutung für die Gesellschaft hat.

Ich selbst habe mich an viele Dinge im Leben erst herangetraut, weil ich sie im Fußball schon einmal erlebt hatte: Mit Widerständen umgehen, Entscheidungen treffen, sich in kritischen Situationen auch zu einer Entscheidung durchringen, Konflikte lösen. All diese Dinge habe ich im Fußball immer wieder erlebt und was ich da gelernt habe, kann ich im normalen Leben sehr gut verwenden. Und deswegen glaube ich, dass Menschen, die bereit sind im Fußball Verantwortung zu übernehmen, dies auch im »normalen« Leben können. Natürlich kann man nicht alles übertragen. Meine Frau sagt ab und zu in einer Diskussion: »Du bist hier nicht auf dem Fußballplatz.« Aber viele Dinge, die man auf dem Platz gelernt hat, kann man sehr wohl nutzen.

Kirche und Fußball

Ich möchte es so sagen: Beide können voneinander lernen. Die Kirche kann sich die Popularität des Fußballs sicher zunutze machen. Denn es passieren in einem Fußballspiel ja Dinge, die im Grundsatz die Kirche auch als Inhalte hat: Teamfähigkeit, einer für alle – alle für einen, Verantwortung übernehmen, Rechte und Pflichten, Fair Play, Gerechtigkeit – all diese Werte des Fußballs, spielen ja auch in der Kirche eine große Rolle. Und die Kirche ist ein Teil des Lebens, und das Leben wird wiederum von der Kirche begleitet. Wer jetzt von wem mehr profitieren kann, weiß ich nicht. Ich glaube, die positiven Werte der Kirche sollte der Fußball weiterhin übernehmen.

Ich fand es immer schön, wenn der Pfarrer in unserer Gemeinde eine Predigt gehalten und dann Dinge, die aus der christlichen Lehre kommen zum wahren Leben in Bezug gesetzt hat. Man kann auch umgekehrt vorgehen und sagen: Das ist im Fußball passiert, wo finde ich das in unserem Glauben wieder und in unseren Überzeugungen. Auch wenn ich junge Schiedsrichter unterrichte, versuche ich immer, die Themen an Beispielen zu erläutern, an praktischen Beispielen. Und so glaube ich, dass die Kirche viele praktische Beispiele im Fußball findet und umgekehrt der Fußball grundsätzliche Dinge in der Kirche.

So ist es auch mit der »Schwalbe.« Ich habe mich früher auch öfter fallen lassen und den einen oder anderen Strafstoß bekommen. Aber wenn ich mir im Nachhinein darüber Gedanken mache, dann weiß ich, das war nicht fair. Und eigentlich willst du ja mit fairen Mitteln gewinnen. Wir sind in unserer Gesellschaft heute zum Teil so weit, dass der Erfolg die Mittel heiligt. Das führt zu der Haltung: Hauptsache gewinnen, egal wie. Die Frage ist nur, ob ich mich nachher über diesen Sieg richtig freuen kann. Diese Einsicht aber kommt meistens erst hinterher. Aber dieses Hinterfragen muss sein, weil es mein Verhalten in der Zukunft vielleicht doch verändert. Grundsätzlich heißt das: Eine Schwalbe ist Betrug. In unserer Gesellschaft wird es zwar oft als Cleverness verkauft, wenn man geschickt betrügt. Genau genommen aber ist und bleibt es Betrug.

Reden, reden, reden

»Wenn ein Körperteil leidet, leiden alle anderen mit; wenn ein Körperteil geehrt wird, freuen sich die anderen alle mit« (1 Kor 12,26). Paulus spricht davon, dass es einer Gemeinschaft gut geht, wenn es allen gut geht. Ist einer im Team traurig oder unzufrieden und es bleibt unbemerkt, läuft es nicht rund. Voneinander zu wissen, wie es dem anderen geht, verändert die Stimmung, schafft Nähe und Freundschaft.

Gefühle aussprechen!

Meine Philosophie ist, dass jeder Mensch den ganzen Tag über Stimmung macht. Wenn ich eingeladen werde, schaue ich mir die Stimmung auf dem Fest an. Wenn ich spüre, dass die Stimmung unterkühlt ist, etwas im Raum steht, das nicht passt, überlege ich, ob ich es anspreche. So nehme ich auch Stimmungen wahr, wenn ich beim Fußball in eine Mannschaftskabine gehe. In diesem Jahr habe ich für einen knappen Monat die Aufgabe übernommen, mitzuhelfen, eine Regionalliga-Mannschaft vor dem Abstieg zu bewahren. Zum Auftakt der Krisenintervention habe ich eine Pinnwand vor die Mannschaft gestellt, Pinnkarten verteilt und jeden Spieler aufschreiben lassen, was klappt, was bedrückt, was Ängste und was Sorgen macht. Das alles habe ich zunächst einfach »abgesaugt.« Das hat an diesem Abend schon gereicht. Am nächsten Abend, nach dem Training, habe ich den Spielern vorgeschlagen, sich bei schönem Wetter auf den Rasen zu setzen. Und ich habe sie danach gefragt, wie sie sich fühlen und wie es jedem geht. Dabei kam jeder Einzelne zu Wort, nicht nur die Stimmführer. Und dann habe ich angekündigt, dass wir ein solches Feedback an jedem kommenden Tag brauchen, weil wir wissen müssen, was gut läuft und was wir noch ändern sollten. Ich habe dazu animiert, nicht aus Anstand oder Ängsten heraus Dinge zu verschweigen, sondern Mut zum An- und Aussprechen zu haben. Darauf sagte einer aus dem Team: »Das hat mir noch keiner gesagt, dass wir Rückmeldung geben sollen. Meinst du damit, wir sollen wirklich sagen, was wir fühlen und denken und was uns hier nicht gefällt?« Meine Antwort war: »Du hast es auf den Punkt gebracht. Haut es raus! Redet über das, was euch gut gefällt, und sprecht Stimmungen an, die euch bedrücken, damit wir sie besser machen können.«

In den Flow kommen

Zunächst hatte bereits das Reden miteinander und das Äußern von Gefühlen wahrnehmbar positive Wirkung. Dazu kam die Wiederaufnahme von Ritualen. Ich habe die Mannschaft gefragt: Wie geht ihr miteinander um vor dem Spiel? Wie denkt ihr euch in das Spiel hinein? Ich verstehe mich mit diesem Fragen nicht als Mentaltrainer, der versucht, das Unterbewusste zu erreichen. Meine Aufgabe ist es vielmehr, die Stimmung positiv zu beeinflussen. »Wir haben in der Kabine immer ein Lied vor dem Spiel gehört!«, sagte mir der Spielführer, »aber das machen wir schon lange nicht mehr. Das hat eh nichts gebracht.« Ich habe nicht lockergelassen und gefragt, um welches Lied es sich gehandelt hat. »Hey Porsche« war die Antwort. Ich habe dem Spielführer dann vorgeschlagen, sich neu Gedanken über ein gemeinsames Ritual zu machen. Dann sind wir zu unserem 1. Spiel gegen den Abstieg gefahren – und in der Kabine stand mit einem Mal der CD-Player. Und vor dem Gang aus der Kabine gab es sehr direkte Anweisungen, die Massagebank weg- und die Mitte des Raumes frei zu räumen. Wir haben uns mit dem gesamten Kader in einem Kreis aufgestellt. Die Anweisung des Spielführers lautete, dass sich jetzt jeder für ein paar Minuten konzentriert, dann wurde das Lied gestartet. Das Ganze war weder von den Trainern noch von mir initiiert, sondern von der Mannschaft selbst. Erreicht wurde auf diese Weise ein »Flow«, wie das Sportpsychologen nennen, also eine positive innere Stimmung, die von Spieler zu Spieler weiterfloss. Und alle haben auch bei den kommenden

Spielen zunehmend gespürt, was das bringt: das Wachsen des elementar wichtigen Vertrauens zueinander, das Gespür dafür, eine Einheit zu sein, die Entschlossenheit, gemeinsam als Mannschaft auf den Platz zu gehen. Und als die Spieler mit diesen Grundeinstellungen aufs Feld gingen, kamen plötzlich auch die Pässe wieder an.

Jeder kann ›Stimmung machen‹

Leider haben wir das letzte Saisonspiel 3:1 verloren. Hätten unsere unmittelbaren Konkurrenten im Abstiegskampf gepunktet, wären wir abgestiegen. Nun hatten aber auch unsere »Wettbewerber« verloren, sodass wir die Klasse halten konnten. Dennoch war der Jammer groß. Doch auf einmal kam vom einen oder anderen Spieler der Einwand: »Leute, wir sind nicht abgestiegen!« Jeder kann die Stimmung beeinflussen und jeder kann Stimmungsmanager sein. Die Stimmung wurde von Minute zu Minute besser und wir hatten eine, auch durch wohldosierten Getränkekonsum, zunehmend euphorisierte Rückfahrt im Mannschaftsbus. In seiner Ansprache nahm der Chef-Trainer das Wort vom »Sommermärchen« in den Mund. Denn mit diesem glücklichen Ende war zwischenzeitlich nicht mehr zu rechnen. Natürlich hatte die verlässliche Arbeit der Trainer mit der Mannschaft maßgeblichen Anteil am guten Ausgang. Aber letztlich hat jeder gemerkt: Wir haben miteinander geredet. Und das hat uns stark und stärker gemacht.

Was braucht die Situation?

Die Aufgabe eines Stimmungsmanagers ist nicht immer nur, sich einzumischen, sondern auch das Zuhören-Können, das Zulassen-Können von Traurigkeit, von Tränen, von Trauer über eine Niederlage nach einem Spiel. Natürlich gehören zu den Krisenerfahrungen auch Trennungen oder der Wechsel zu einem anderen Verein. All diese Schmerzerfahrungen liegen durchaus nah beieinander.

Das Erstaunliche und Schöne allerdings ist, dass trotz der Begegnung mit Schmerzlichem gute Gefühle geschildert werden können und selbst in der Niederlage ein Gefühl dafür bleibt, dass in jedem Ende ein neuer Anfang liegt.
Ich kann mit guter Stimmung eine positivere Einstellung zu vielen Dingen bewirken. Ich lerne den Blick nach vorn aus Erfahrung und indem ich mir in der Gegenwart klarmache, dass es die Zukunft ist, in der ich etwas ändern kann. Auf der Ebene des Fußballs heißt das, wir richten unseren Blick zuversichtlich auf das nächste Spiel. Oder ich gehe sogar positiv gestimmt in ein Konfliktgespräch mit meinem Trainer, einem Funktionär, einem Mann-

JOACHIM BESIER Die Urkunde der Bundesrepublik Deutschland auf seiner Website beweist es: Seit dem 7. Februar 2011 ist er Inhaber der Wortmarke »Stimmungsmanager®«. Der Trainer, Berater und Coach vertritt die Meinung, dass jeder Mensch die Stimmung in seinem Umfeld positiv beeinflussen kann, indem er mehr fragt, besser zuhört und vor allem Ich-Botschaften sendet. Seine These lautet, dass gute Leistung, vertrauensvolle Zusammenarbeit, wirkliches Wohlfühlen und dauerhafte Zufriedenheit nur in guter Stimmung gedeihen können. Joachim Besier hat selbst jahrelang als Trainer im Jugendbereich gearbeitet und wird von Fußballverbänden zu Teamentwicklung und Zusammenarbeit bei Mannschaften eingeladen. Er bietet Seminare zu Konfliktmanagement und Konfliktvermeidung an.

schaftskameraden oder gar einem gegnerischen Spieler. Mit guter Stimmung kann ich erreichen, dass ich selbst in einen positiven Flow komme, der mir sogar helfen kann, länger gesund zu bleiben.

Fehlende Kommunikation ist der Tod einer Mannschaft! Wenn ich das Budget habe, kann ich mir die besten Spieler zusammenkaufen. Wenn die aber nicht miteinander reden, wenn sie in Konflikten nicht miteinander umgehen können, wenn sie in kritischen Situationen ihre Stimmung nicht schildern dürfen, dann ist der Erfolg definitiv begrenzt.

Anpfiff

Vom eigenen Glück abgeben können

Im Alter von 31 Jahren schreibt Wolfgang Amadeus Mozart (1756–1791) in einem letzten Brief an seinen sterbenden Vater: »Ich danke meinem Gott, dass er mir das Glück gegönnt hat, ihn als Schlüssel zu unserer wahren Glückseligkeit kennenzulernen. Ich lege mich nie zu Bette, ohne zu bedenken, dass ich vielleicht den anderen Tag nicht mehr sein werde. Und es wird doch kein Mensch sagen können, dass ich im Umgang mürrisch oder traurig wäre. Für diese Glückseligkeit danke ich alle Tage meinem Schöpfer.« Der geniale Musiker und Komponist, der grandiose Erfinder heiterster und tiefgründigster Musik stirbt vier Jahre später selbst. Er war sich seines Glückes bewusst – und hat mit vollen Händen davon abgegeben.

Was mich weitergebracht hat

»Es ist ein ganz besonderes Gefühl, eine Gänsehautatmosphäre«, sagt Sebastian Kehl über die Momente unmittelbar vor Spielbeginn. »Bereits wenn man im Spielertunnel steht, kurz bevor es rausgeht, die Fangesänge hört, saugt man diese fantastische Stimmung auf, die dieses Stadion einzigartig macht in Deutschland.« Im Januar 2002 ist er zum ersten Mal ins Dortmunder Stadion eingelaufen. Seit 2008 betritt er als Kapitän der Kultmannschaft von Borussia Dortmund jeweils als Erster das Feld. Mannschaftskapitän des BVB zu sein ist ein Amt, das ihn in diesem traditionsreichen Verein mit besonderem Stolz erfüllt, auch im Blick auf die Reihe der Kapitäne. In ihr stehen etwa mit Christian Wörns, Christoph Metzelder, Stefan Reuter, Michael Zorc oder Frank Mill viele große Spieler. Das Amt hat ihm der Trainer übertragen. Und Jürgen Klopp weiß sicher genau, dass er mit Sebastian Kehl auf einen Kapitän bauen kann, der vom Charakter her zu ihm passt, auf der menschlichen Ebene wie vom fußballerischen Sachverstand, vom geistigen Horizont her und bis hin zum

Alter. Es ist kein Geheimnis, dass Sebastian Kehl zu den älteren und damit zu den erfahreneren Spielern bei Borussia Dortmund gehört. »Wenn man sehr jung ist«, sagt er, »dann ist man sich der Rolle des Vorbilds vielleicht noch nicht so wirklich bewusst und unterschätzt sie. Vorbild zu sein heißt unter anderem, Verantwortung zu übernehmen, sich in einer Situation vernünftig zu verhalten, aufzupassen, was man sagt, wie man es sagt, und wie man sich in der Öffentlichkeit verhält. Und das ist für einen jungen Menschen, der noch sehr unbekümmert durchs Leben geht, die ersten Tage seiner Karriere einfach genießt und glücklich ist, nicht so einfach. Es braucht eine gewisse Reife, ein gewisses Alter und vielleicht auch die ein oder andere Charaktereigenschaft, um diese Vorbildfunktion ausfüllen zu können und somit Orientierungspunkt für viele zu sein.«

Zum Weg seines Reifeprozesses gehören große und größte Erfolge. Mit Borussia Dortmund wurde er drei Mal Deutscher Meister, 2002, 2011 und 2012. Mit seiner Mannschaft stand er 2008 im DFB-Pokal-Finale und gewann 2012 das Double. Das Champions Finale gegen Bayern München ging 2013 verloren. Aber auch Niederlagen zählt Sebastian Kehl auf, wenn er über seinen Reifeprozess spricht. Er sagt: »Auch ich habe nach dem verlorenen Champions-League Finale ein paar Wochen gebraucht, das zu verarbeiten. Denn dieser Moment, diese Einzigartigkeit in Wembley zu erleben und dann knapp am Ziel vorbeigeschrappt zu sein, das hat schon wehgetan. Aber auch das vergeht. Es geht nun mal immer weiter – so wie im Leben.« Mit der Deutschen Nationalmannschaft wurde der 31-fache A-Nationalspieler 2002 Vize-Weltmeister und 2006 Weltmeisterschafts-Dritter. Er selbst würde es für unfair halten, aus dieser großen Symphonie schönste Momente herausfiltern zu wollen.

Stattdessen sagt er lieber, dass auch die bitteren Momente zur Persönlichkeitsentwicklung gehören. Und er erinnert sich: »Wir waren bei Borussia Dortmund 2004/05 kurz davor, bankrott zu gehen. Und diese Angst vor dem Aus, vor der Leere war täglich spürbar, bei uns Spielern, den Angestellten, den Fans, einfach überall in dieser Stadt. Am Ende stand ein fast 100-jähriger Verein vor dem Scherbenhaufen. Aber so weit ist es zum Glück nicht gekommen. Mit immenser Kraftanstrengung, Zusammenhalt und Treue sind wir extrem gestärkt aus dieser Situation hervorgegangen. Haben in den letzten Jahren wieder Titel gewonnen und diesen Verein über die Grenzen Deutschlands hinweg wieder strahlen lassen. Das war eine großartige, nahezu einzigartige Geschichte in der Bundesliga und hat für vieles entschädigt. Ich habe gelernt, dass nicht nur Siege das Leben bereichern, sondern dass auch Niederlagen und Rückschläge dazugehören. Es geht am Ende immer nur darum, wie man auf das ein oder andere reagiert, wie man damit umgeht, welche Antwort man gibt. Und diese Erfahrung ist definitiv nicht nur auf den Fußball, sondern auf das ganze Leben zu beziehen.«

Mannschaftskapitän mit Verantwortungsbereichen

Wenn Sebastian Kehl seine Aufgaben als Kapitän von Borussia Dortmund beschreibt, staunt man über deren Vielfalt, auf und neben dem Platz. Sie beginnen, wie er sagt, in den kleinsten Bereichen: »Mit der Integration der neuen Spieler. Ihnen das Gefühl zu geben, dass sie angekommen sind; ihnen Hilfestellung zu leisten, sie innerhalb der Truppe aufzunehmen«, das gehört zu seinem Wirken nach innen. »Dann gibt es die Schnittstelle mit dem Trainerteam. Dort Rückfragen zu stellen, auch beim Reha-Team, nach der Höhe der Belastung und der Steuerung des Trainings, bisweilen auch zu taktischen Fragen, wobei natürlich Jürgen Klopp der Chef ist und am Ende die Entscheidung trifft« – und seinen Kapitän doch immer wieder zur Beratung heranzieht. Als dritte Schnittstelle nennt Sebastian Kehl die zum Verein, zu den Vorständen, also Hans-Joachim Watzke und Michael Zorc, und dem Mannschaftsrat, um jene Themen einzubringen, die die

SEBASTIAN KEHL begann bereits mit fünf Jahren beim SV Lahrbach mit dem Fußballspielen. Mit 16 Jahren verließ er seine Heimatstadt Fulda und wechselte zu Hannover 96. Mit 18 Jahren kam er zu seinen ersten Einsätzen in der 2. Bundesliga, insgesamt absolvierte er 32 Ligaspiele in zwei Saisonen für die Niedersachsen. Nachdem er an der Carl-Friedrich-Gauß-Schule in Hemmingen das Abitur absolviert hatte, holte ihn Trainer Volker Finke im Jahr 2000 in die Bundesliga zum SC Freiburg, wo er die folgenden anderthalb Jahre verbrachte. Kehl ist seit Januar 2002 für Borussia Dortmund aktiv und noch bis Sommer 2014 vertraglich an die Westfalen gebunden. 1998 wurde Sebastian Kehl Vize-Europameister mit der U18-Nationalmannschaft. Kehl war viele Jahre deutscher Nationalspieler. Sein erstes Spiel im Nationaltrikot war am 29. Mai 2001 in Bremen beim 2:0-Erfolg über die Slowakei. Er nahm mit der Nationalmannschaft an der Weltmeisterschaft 2002 in Japan und Südkorea, der Europameisterschaft 2004 in Portugal sowie an der Weltmeisterschaft 2006 in Deutschland teil.

Mannschaft bewegen. Es kann dabei um Prämien gehen, aber auch um Veränderungen und Strukturen innerhalb der Mannschaft. Im Zusammenspiel mit dem Teammanager liegt schließlich eine vierte Schnittstelle des Kapitäns im Bereich der Sponsoren. Das alles bedeutet, Sebastian Kehl ist in viele Themen von Borussia Dortmund auch außerhalb des Platzes einbezogen, wobei der fußballerische Bereich der deutlich wichtigste ist. Denn

auf dem Platz »sollte der Kapitän der Rädelsführer sein, derjenige, der den Ton angibt, der eine zentrale Position einnimmt.« Insofern fasst Sebastian Kehl seine zentrale Aufgabe mit den Worten zusammen: »auf dem Platz präsent sein, vorangehen, Vorbild und Orientierungspunkt sein.«
Allerdings sieht er seinen Aufgabenkatalog wesentlich auch darin, »sich in schwierigen Situationen zu stellen, sich nicht zu verstecken. Das beinhaltet: vor die Kameras zu treten oder vor die Fans und Erklärungen zu liefern.« Und er erzählt, dass man dabei schon einmal in eine Zwickmühle zwischen Fans und Mannschaft geraten kann. »Wir hatten gerade die Diskussion mit den Ultras. Auch da ist man als Mannschaftskapitän gefordert.« Vorausgegangen war das Spiel gegen Schalke 04, in dem Leuchtraketen in den gegnerischen Fanblock geschossen wurden. Und er, selbst Vater von zwei Kindern, mag sich gar nicht ausmalen, was passieren könnte, wenn da ein kleiner Junge säße, dessen Gesicht verbrannt würde und der sein ganzes Leben gebrandmarkt wäre. Darum nennt er Menschen, die so etwas tun, Chaoten, denen es nur darum geht, sich selbst zu inszenieren, auf sich aufmerksam zu machen, zu polarisieren, sich aufzulehnen. Das aber habe nichts mit Fan-Sein zu tun. Darum sagt er ihnen in der Begegnung direkt und persönlich: »Nein, Jungs, so geht das nicht. Bei aller Unterstützung, bei allem Ehrgeiz, bei aller Verbundenheit mit diesem Verein gibt es einfach Grenzen, die auch der Fan nicht überschreiten darf.« Auf solche Weise zeigt er eine klare Linie, selbst um den Preis, dass die Angesprochenen anschließend auf ihn, der Kritisches klar ausspricht, sauer sind. »Aber damit«, sagt Sebastian Kehl, »kann ich gut leben. Da habe ich ein breites Kreuz.«
Schließlich als Kapitän auch gefordert zu sein, wenn es bisweilen zu Reibungspunkten mit dem Trainer oder dem Verein kommt, das verschweigt er nicht. Das sind Momente, sagt er, »in denen auch einmal kontrovers diskutiert werden muss und kritische Dinge

angesprochen werden sollen.« Dass solche Debatten intern geschehen und bleiben, ist bei Borussia Dortmund gut geregelt und absolut vorbildlich. Und auch, dass sie vor allem als Anregung verstanden werden, einen Prozess neu in Gang zu setzen. Jenseits von Friede, Freude, Eierkuchen hält Sebastian Kehl solche Kontroversen für wesentlich, um Stillstand zu verhindern und um Weiterentwicklungen voranzubringen, im Blick auf die eigene Persönlichkeit, auf die Mannschaft und den Verein. Sich in solche Prozesse in einem hohen Maß kommunikativ einbringen zu können, beschreibt Sebastian Kehl als eine seiner Stärken.

Mit dem Glauben durchs Leben

Auf die Frage, warum er Verantwortung übernimmt, auf dem Fußballplatz und in der Gesellschaft, erzählt Sebastian Kehl zunächst vom eigenen Leben. Dass er schon früh begriffen habe, welch unendliches Glück er in seinem Leben hatte, sagt er, und dass er darum Menschen an seinem Glück teilhaben lassen möchte. Zum eigenen Glück gehört eine unbeschwerte Kindheit im elterlichen Hotelgewerbe in Tann, nicht weit von Fulda. Er erinnert sich gerne an die Schulzeit im Nachbarort und auch daran, wie sich Talent, das ihm mitgegeben wurde, mit seinen Fähigkeiten und dem nötigen Ehrgeiz verband und ihm den Weg in eine ungemein erfolgreiche Karriere als Fußballer wies. Auch der Glaube ist ihm wichtig, wie er ihn im katholischen Elternhaus kennengelernt hat. »Der Glaube spielt für mich eine große Rolle, denn er hat mich über Jahre begleitet. Er hat mir sehr viel gegeben, besonders Halt in schwierigen Situationen. Mein Glaube ist für mich ein Zufluchtsort, ein Ort der Ruhe und der Besinnung. Ich finde es wichtig, dass man einen Leitsatz oder Leitmotive hat und eine gewisse Grundrichtung, die man einhält. Der Glaube ist ein guter Wegweiser fürs Leben. Auch deswegen habe ich vom ersten Tag an versucht, meine Kinder ähnlich religiös zu erziehen. Wir beten gemeinsam. Wir versuchen, unser Glück auch im Gebet zu begreifen, dass wir hier alles haben und unseren Kindern manches mit auf den Weg geben können, was nicht alltäglich ist. Ich bin überzeugt davon, dass es wichtig ist, mit dem Glauben durchs Leben zu gehen.«

Auch vor dem Spiel betet Sebastian Kehl. Aber er sagt sehr klar, dass Beten nicht in einen Versuch münden darf, Gott im Spiel auf die eigene Seite zu ziehen. Mit Augenzwinkern fügt er hinzu: »Schließlich muss ich davon ausgehen, dass es, wenn ich um Gottes Parteilichkeit bitten würde, mindestens einen auf der anderen Seite gibt, der auch darum betet – und für wen sollte sich Gott dann entscheiden?« Solches Beten sieht er kritisch. Nicht aber die Bitte darum, gesund zu bleiben, fair zu bleiben, den Respekt gegenüber anderen nicht zu verlieren und schließlich auch, »das Spiel als Spiel zu begreifen und nicht die wichtigste Sache des Lebens daraus zu machen.«

Weil er sich seines Glückes so bewusst ist und andere daran teilhaben lassen möchte, engagiert sich Sebastian Kehl in verschiedenen Projekten. Grundsätzlich sagt er: »Mein Verantwortungsbewusstsein, was Engagements und Projekte angeht, ist sehr ausgeprägt. Natürlich kann man nicht alles machen. Man muss sich fokussieren und damit dann auch positionieren. Aber es gibt eine Fülle von Projekten, die alle unterstützenswert wären. Ich habe mich dann für ein paar von ihnen entschieden.«

Am tiefsten bewegt hat ihn ein Projekt gegen Kinderprostitution, das Kaplan Jochen Reidegeld 1999 ins Leben rief. Der Geistliche hatte auf Sri Lanka erlebt, wie Kinder zum Verkauf angeboten wurden. Angesichts des unendlichen Leids dieser Kinder gründete er die Initiative »Roterkeil.« Gemeint ist damit ein Keil, der gegen Kinderprostitution einschlägt und der das Netzwerk der Pädokriminalität zerschlägt. 2002 entschloss sich Sebastian Kehl, gemeinsam mit Christoph Metzelder diese Initiative zu unterstützen. Betroffen von den unerträglichen Zuständen für Kinder, nutzen sie ihre Prominenz und ihr Ansehen, um in der

Öffentlichkeit auf dieses gesellschaftliche Tabu-Thema aufmerksam zu machen. Die Gründung einer Stiftung hatte das Ziel, deutschlandweit Geld zu sammeln, auch mithilfe von Events und Versteigerungen. Kehl unterstreicht aber, dass es um sehr viel mehr geht als um Geld und dass ihre Projekte längst nicht nur im Ausland angesiedelt sind: »Über das Geld hinaus versuchen wir, den Kindern einen neuen Lebensinhalt zu geben, Schulen zu bauen, medizinische Versorgung zu gewährleisten. Letztlich wollen wir den Kindern eine Perspektive schenken, vor allem auch den Glauben an sich selbst wiederzufinden. Das ist eines der großen Themen. Dabei ist uns klar, dass Deutschland nicht nur ein Land der Täter ist, sondern auch der Opfer. Darum haben wir etwa in Dortmund ein Projekt der Mitternachtsmission, das Mädchen unterstützt, die in der Kinderprostitution gefangen sind. Gleiche Projekte gibt es in Köln, in Berlin, am Bahnhof in Essen. An vielen Stellen gibt es Projekte, die wir mit unterstützen.« Seinen Einsatz gegen Kinderprostitution, seine Unterstützung der Kampagne gegen Rassismus und Gewalt oder auch die des Projektes ›Schule ohne Rassismus – Schule mit Courage‹ bezeichnet er als Engagement für Initiativen, »die ich aus meinem tiefsten Inneren unterstütze, weil es um Kinder geht und Jugendliche, die schwere Zeiten und ein schweres Leben haben.«

Vom Fußball fürs Leben lernen – und umgekehrt

Auf die Frage, was man vom Fußball fürs Leben lernen kann, nennt der Kapitän des BVB »Dinge wie Ehrgeiz, Mut, Nachhaltigkeit und einen großen Willen auf Verzicht, die am Ende alle zum Erfolg und zum Glück im Leben führen können.« Und er fährt fort: »Ich weiß, dass man sich viele Dinge im Sport hart erarbeiten muss, um erfolgreich zu sein. Und ich denke, dass das auch im wahren Leben der Fall ist. Man bekommt nichts geschenkt. In aller Regel ist das so.« Natürlich weiß auch Sebastian Kehl von Menschen, deren Entwicklung unter ganz glücklichen Umständen verläuft, die darum mit sehr viel weniger Aufwand als andere ein großes Ziel erreichen. Für die breite Mehrheit aber gilt im Sport wie im Leben, »immer wieder ein Stück weit mit sich selbst ringen, sich in vielen Momenten immer wieder selbst motivieren zu müssen, gerade in schwierigen Zeiten, um dann aber auch wieder diesen Teamgeist genießen zu können, dieses Erfolgserlebnis mit einer Mannschaft, diese Momente, die man zusammen erlebt. Manchmal liegen dabei Freud und Leid sehr eng zusammen. Man gewinnt ein Spiel – und jemand verletzt sich. Die Mannschaft hat vielleicht nur den Sieg im Kopf, für den Verletzten aber ist das ein tragischer Moment.«

Viele Dinge fallen ihm ein, die man vom Fußball fürs Leben lernen kann: »Die Emotionen auf dem Platz, die dazugehören; die Reaktion im Stadion – auf eine Niederlage, auf einen Sieg. Ich glaube, dass ich wahnsinnig viel durch meinen Fußball gelernt habe, im Umgang mit Menschen, im Umgang mit Fans, mit schwierigen und kritischen Situationen. Und ich habe sehr viel auch über mich selbst gelernt. Dazu gehören die Niederlagen genauso wie die Erfolge. Am Ende war und ist es für mich aber ganz wichtig, mir selbst treu geblieben zu sein!«

Und auch zum Umkehrschluss weiß Sebastian Kehl Wesentliches zu sagen. Denn der Fußball kann tatsächlich vom Leben lernen. Vor allem, sich selbst zu relativieren, zur Erkenntnis zu gelangen, »dass es deutlich wichtigere Dinge im Leben gibt als das spektakuläre 4:0 am Wochenende oder eine 2:1 Niederlage. Diese Dinge überstrahlen alles und lassen es nichtig werden. Dazu halte ich es für ganz wichtig, zügig diese Parallelwelt, in der sich der Fußball bewegt, die manchmal auch eine Scheinwelt ist, richtig einschätzen zu lernen. Auch um nicht nach der Karriere in ein Loch zu fallen. Der Fußball gibt uns wahnsinnig viele Momente, die wir für unser Leben brauchen, die wir in uns aufsaugen und die uns keiner mehr nehmen kann. Und doch ist er nicht zu vergleichen mit großen Schicksalen, die Menschen, Familien widerfahren durch Umweltkatastrophen, durch Krankheit oder durch Unfälle.« Und dann erzählt Sebastian Kehl voller Mitgefühl von einer Nachbarin, Mutter von zwei Kindern. Sie wurde nur vierzig Jahre alt. Und von einem Vater, der mit seinen Kindern jetzt alleine dasteht. Sie sei zu einer routinemäßigen Untersuchung ins Krankenhaus gekommen, habe sich einen Keim eingefangen und sei an multiplem Organversagen gestorben. »Das sind Schicksale, dabei fühlt man einen großen, tiefen, inneren Schmerz«, sagt er. Im Vergleich dazu »tut eine Niederlage am Wochenende nicht wirklich weh«.

Glück genießen und Feste feiern

Mit mehr als 300 Einsätzen gehört Sebastian Kehl heute zu den erfahrensten Spielern der aktuellen Bundesliga. Manche Verletzung hat ihn im Laufe der Jahre zurückgeworfen. Aber er hat sich jeweils wieder herangekämpft, mit aller dazu nötigen Energie, vielleicht auch, weil es um den nächsten Glücksmoment geht, den er genießen möchte. Denn »wenn der Erfolg da ist, werden Endorphine ausgeschüttet und unglaubliche Glücksgefühle stellen sich ein. Letztlich ist es das, wonach man sich sehnt und worauf hin man trainiert.« Mit der Mannschaft von Borussia Dortmund und als deren Kapitän hat er schon viele große Erfolge feiern können. Am liebsten genießt er sie gemeinsam mit jener Mannschaft, die in schwierigen Zeiten miteinander leidet und sich gegenseitig Halt gibt, und die gute Zeiten auch zu feiern versteht, mit vielen Freunden, mit den Familien, ausgelassen und bis hinein in die Morgenstunden. Über die Jahre hinweg hat Sebastian Kehl gelernt, dass das Genießen und Feiern dazugehört, um sich zu belohnen für die harte Arbeit, die man geleistet hat. »Das ist nicht damit gleichzusetzen, dass man sagt, man ist zufrieden, sondern man muss, wie ich finde, Dinge einfach auch komplett mitnehmen, komplett auskosten, komplett genießen, um neu Motivation zu finden, den nächsten Schritt zu gehen und sich dann auch wieder zu quälen.« Schade, sagt er, »dass man Erfolg oder dieses Gefühl im Erfolg nicht in Flaschen abfüllen kann. Dann könnte man in schwierigen Phasen immer mal wieder einen Schluck davon nehmen, um dieses Erlebnis wieder hochzuholen. Leider sind solche Glücksgefühle nicht speicherbar.« Und mit einem weiteren Augenzwinkern ergänzt er: »Wer das erfindet, wird deutlich erfolgreicher sein als ich in meinem Leben.«

Die Mannschaft, der Fußball aber sind nur die eine Seite, die zu seinem Glück beitragen, für das Sebastian Kehl große Dankbarkeit verspürt. Die andere Seite verkörpert seine Familie, seine Kinder, das Schöne, das er mit ihnen und durch sie erfährt. Zur Familie gehören natürlich auch seine Eltern und Brüder. Mit ihnen Zeit verbringen und gestalten zu können, verleiht ihm Geborgenheit und große Zufriedenheit. Darum sind das auch die Bereiche, die er beschützt. Ein Weiteres kommt hinzu. Denn der Kapitän des BVB sagt über sich: »Mir ist es auch wichtig, Zeit für mich selbst zu haben, Zeit mit mir selbst zu verbringen. Insgesamt macht es mich zufrieden, wenn ich das Gefühl habe, alles getan zu haben. Selbst wenn es dann am Ende vielleicht mal nicht zum Erfolg führt.«

Anstoß

STEFFI JONES

Alle Spielerinnen des Fußballvereins »Washington Freedom« in den USA, wo Steffi Jones spielte, engagieren sich in sozialen Projekten. Das gehört zur Vereinsphilosophie. »Liebe gibt niemals auf«, so schreibt Paulus im ersten Brief an die Gemeinde in Korinth. Und er macht besonders benachteiligten Menschen Mut, denn sie können darauf bauen, dass sie von der Liebe Gottes niemals verlassen werden.

Teilen ist normal

Ich werde oft gefragt, was mich motiviert, mich für sozial Schwache einzusetzen oder Gefangene zu besuchen oder in der Drogenhilfe tätig zu sein. Ich kann das gar nicht festmachen an einem Warum. Das ist zu einer Selbstverständlichkeit geworden, weil mir meine Mutter das immer vorgelebt hat. Zwar war es nicht so, dass sie losgegangen wäre und viele soziale Projekte unterstützt hätte, aber sie war immer für unsere Familie da, auch für die Tante, die Schwester, die Oma; sie hat immer alle Leute bei sich aufgenommen, sie hat ihnen geholfen und hat mir auch immer signalisiert, dass es wichtig ist, anderen Menschen zu helfen, wenn man kann. Also ein guter Mensch zu sein und nie Gleiches mit Gleichem zu vergelten.

Ich muss schon als kleines Kind so gewesen sein, dass ich teilen wollte, schon im Kindergarten. Meine Mutter erzählt manchmal davon, wie das war, wenn mein Vater vom Einkauf im Supermarkt zurückkam. Dort gab es immer Riesenpakete! Und mit denen bin ich dann raus auf den Spielplatz und habe das mit allen geteilt. Anscheinend war das für mich normal, abzugeben. Und so hat sich das fortgesetzt.

In der Schule, als ich dann anerkannt war, habe ich mich für Schwächere eingesetzt. Ich fand es einfach doof, wenn Kleinere gehänselt oder Mädchen nicht akzeptiert wurden. Richtig gehasst habe ich es, wenn in einer Gruppe auf jemandem herumgehackt

STEFFI JONES Mit ihrer Berufung zur Präsidentin des Organisationskomitees für die Weltmeisterschaft im Frauenfußball 2011 in Deutschland endete ihre atemberaubend erfolgreiche Karriere als eine der bekanntesten deutschen Fußballerinnen. Die 111-fache Nationalspielerin wurde mit der DFB-Auswahl Weltmeisterin und vier Mal Europameisterin. Bei den Olympischen Spielen in Sydney (2000) und Athen (2004) gewann sie mit ihrem Team die Bronze-Medaille.

Auch auf Vereinsebene war die torgefährliche Innenverteidigerin vielfach erfolgreich. Vor allem mit dem 1. FFC Frankfurt wurde sie mehrfach Deutsche Meisterin, Deutsche Pokalsiegerin und UEFA-Cup-Gewinnerin. Im Rahmen eines zweijährigen Gastspiels in der US-Profiliga gewann die Inhaberin der deutschen und amerikanischen Staatsbürgerschaft mit dem Team von Washington Freedom den Founders Cup.

Seit 2011 ist Steffi Jones als Direktorin beim Deutschen Fußball-Bund zuständig für die Bereiche Frauen-/Mädchenfußball. In dieser Funktion konnte sie den erneuten Gewinn der Europameisterschaft 2013 in Schweden mit dem jungen Team der Nationalmannschaft der Frauen feiern.

Steffi Jones ist Tochter eines US-Soldaten und einer deutschen Mutter. Der Vater verließ die Familie, als Steffi drei Jahre alt war. Von klein auf lernte sie das Leben auch von seinen dunklen Seiten kennen. Dazu gehörten gefährliche Erkrankungen, Unfälle und rassistische Übergriffe. Ihre Mutter, der sie eine große Portion Humor, Zuversicht und Lebensweisheit verdankt, musste unter schweren Bedingungen drei Kinder alleine großziehen.

wurde, weil er anders aussah oder weil er zu groß, zu klein oder zu dick war. Es ist wichtig, sich für Schwächere einzusetzen, habe ich festgestellt. Und es hat auch gewirkt. Wenn du mitbekommst, dass dein Einsatz Wirkung hat, dann motiviert das zusätzlich. Später habe ich tolle Einladungen bekommen und viele interessante Menschen kennenlernen dürfen. Als ich bekannter wurde und auch Preise bekam, konnte ich diese immer spenden. Auch das ist etwas, was mir nicht schwerfällt. Das ist etwas, wofür ich dankbar bin.

Dabei versuche ich alle darauf aufmerksam zu machen, dass es nicht nur auf den Namen ankommt. Wenn es zum Beispiel um schwer kranke Kinder geht, dann ist ihnen das egal, ob es Steffi Jones ist, die kommt. Natürlich freuen sie sich, wenn sie meinen Namen hören, und für eine gewisse Medienaufmerksamkeit ist es sicherlich förderlich, aber viel wichtiger ist, dass sie in dem Augenblick die Aufmerksamkeit bekommen, die sie brauchen. Und da ist auch ein Geschenk viel weniger wichtig, als mit ihnen zu spielen.

Zum Glück aber gibt es auch die, die manchmal nur wenig haben und doch viel helfen. Das ist ja auch ein Phänomen in Deutschland. Ich finde, dass wir viele hilfsbereite Menschen haben, die auch viel zu geben bereit sind. Manchmal sitze ich an einem Spendentelefon. Und da könnte ich heulen, wenn mich Leute anrufen und fragen: »Sagen Sie, reicht es, wenn ich fünf Euro spende? Weil mehr kann ich nicht.« Darüber kann ich nur staunen. Das ist doch toll.

Selbstvertrauen: Das packe ich!

Selbstvertrauen habe ich mir im Training geholt und im Spiel selbst. Wenn der Auftakt gut ist – ich sag mal, die gegnerische Mannschaft fährt einen Konter und du fängst ihn ab –, also wenn du gleich eine sehr gute Situation hast, dann fühlst du dich weitaus sicherer, als wenn du gleich drei Mal ausgetanzt wirst. Wenn

aber deine Gegenspielerin dich gleich schlecht aussehen lässt und vielleicht sogar ein Tor macht, dann musst du sofort weitermachen! Bloß nicht großartig darüber nachdenken!
Ich habe bei den Jungs angefangen und bin dort als Spielführerin sehr erfolgreich gewesen. Ich konnte mich bei den Jungs durchsetzen. Dabei ist mein Selbstwertgefühl unglaublich gewachsen. Ich konnte gut Fußball spielen. Das war mein Ding und da habe ich meine Bestätigung bekommen. Also die Jungs und auch die Mädels haben gedacht: Mensch, die Steffi spielt richtig gut Fußball. Dadurch wuchs mein Selbstvertrauen und dadurch habe ich einfach gespürt, dass das das Richtige für mich ist.

Die Abwehr beginnt schon im Sturm

Dass es beim Mannschaftssport geblieben ist, hing auch damit zusammen, dass ich merkte, dass es immer auch Schwächere gibt. Und das Schöne am Team ist, dass man sich gegenseitig hilft und sich auffängt und dass es keine Rolle gespielt hat, wo ich herkomme oder wie ich aussehe. Und das hat es ausgemacht. Richtig gemerkt, dass Fußball meine größte sportliche Begabung ist, habe ich, als ich so ungefähr 16 Jahre alt war. Bis dahin war ich halt eine unter vielen. Selbst als ich zum ersten Mal zur Nationalmannschaft eingeladen wurde, habe ich mich noch nicht als eine kommende A-Nationalspielerin gesehen. Ich wusste zwar, ich bin nicht schlecht, ich bin jetzt auch mal nominiert worden, ich habe auch schon Hessenauswahl gespielt. Aber ich hätte mich nie auf die gleiche Stufe gestellt wie eine Silvia Neid oder eine Doris Fitschen damals. Die hatte ich im Fernsehen gesehen und immer gedacht: Meine Güte, sind die gut.
Das Team ist für mich immer wichtig. Sicher, es gibt auch Ausnahmetalente, die ein Spiel entscheiden können, auch wenn wir im Leistungssport heute so weit sind, dass sich jedes Team auf die herausragenden Ausnahmespieler einstellen kann. Denn man spielt heute ja eher im Verbund. Früher war es die Manndeckung.

Und wenn Manndeckung gespielt wird, dann bist du für deinen Gegenspieler verantwortlich. Und wenn der besser ist als du, dann hast du keine Chance. In den letzten Jahren ist man aus diesem Grund dazu übergegangen, dass man eher im Verbund verteidigt, dass man mit der Abwehr nicht erst hinten anfängt, sondern schon vorne und alle wirken mit. Du deckst im Raum, was ja viel einfacher ist.

Hier im DFB ist es so, dass meine MitarbeiterInnen einerseits ganz selbstständig arbeiten sollen, dass alle das Gefühl haben, die Aufgaben bewältigen zu können, und dass sie die eigenen Stärken entwickeln können. Zugleich ist mir wichtig, sie auch bei Entscheidungen mitzunehmen; dass ich ihnen nicht etwas aufdrücke und sage, du musst das jetzt machen. Denn ich bin auch nicht allwissend und mache auch nicht alles richtig. Es ist mir wichtig, dass alle das Gefühl haben können: Wir sind ein Team und wir entscheiden gemeinsam.

Natürlich gibt es auch Situationen, in denen ich selbst entscheiden muss, in denen es keine andere Lösung gibt, in denen ich nicht alle mitnehmen kann. Dafür ist man eben auch Führungskraft und leitet eine Abteilung oder Direktion. Aber generell bin ich immer für Teamwork, weil ich einfach glaube, dass man damit mehr erreichen kann. Und damit fahre ich, soweit ich es beurteilen kann, sehr gut.

Teamfähigkeit hat übrigens nichts mit dem Geschlecht zu tun, sondern vielmehr mit dem Charakter eines Menschen. Es gibt Männer wie auch Frauen, die nicht teamfähig sind. Diese Menschen suchen dann immer ihren eigenen Vorteil, weil sie die Arbeit im Team anscheinend auch gar nicht können.

In den Flow kommen

Vor einem Spiel war ich eigentlich schon immer nervös. Deshalb hatte ich immer mein Ritual. Dazu gehörte früh schlafen zu gehen. So war ich ausgeruht und konnte meine Leistung abrufen.

Weil wir immer schon morgens um 11 Uhr spielten, musste ich am Abend vorher bereits Kohlenhydrate zu mir nehmen. Meine Lieblingsspeise waren Nudeln mit Hackfleischsoße und Apfelsaftschorle. Am nächsten Morgen früh aufstehen und gut frühstücken, weil das Essen 1½ Stunden zur Verdauung braucht. Auf solche Rhythmen zu achten, lernt man oft nur dann, wenn man Leistungssport treibt. Als ich damals in die Auswahl kam, wurde uns gesagt, wie man sich gut einstellt, wie man sich gut ernährt. Und das habe ich mitgenommen und war sehr diszipliniert.
Und Musik war mir immer wichtig. Im Bus mit Kopfhörern und in der Kabine stand dann ein Rekorder mit dem Lieblingslied der Saison, »Eye of the tiger.« Die Musik sollte uns Feuer geben, sodass wir beim Rausgehen sagen konnten: Genauso wollen wir heute spielen. Und dann war ich auf den Gegner eingestellt. Ich wusste, auf was ich mich jetzt einlasse, wer heute gegen mich spielt. Und dann bin ich rausgekommen und habe die Zuschauer gesehen. Da hatte ich noch keinen Tunnelblick, sondern konnte dieses Erleben genießen. Der Tunnelblick, der Moment größter Konzentration, kam bei mir, wenn wir uns aufgestellt haben. Das war der Augenblick, in dem ich alles mich Umgebende abgeschaltet habe. Von diesem Augenblick an galt volle Konzentration.

Mut zum Risiko

Ich war keine Spielerin, die nur Sicherheitsbälle gespielt hat, weil ich der Meinung war, mich dadurch nicht weiterentwickeln zu können. Du lernst meiner Meinung nach mehr durch Fehler und du musst auch Fehler machen. Und das ist auch das, was ich immer versuche, weiterzugeben. Denn Siege analysiert man vielleicht nicht so kritisch. Und wenn immer alles rundläuft, wird mir selten jemand sagen, was nicht gut war oder was ich falsch gemacht habe. Und deshalb, so kann ich mir vorstellen, verlieren manche an Selbstvertrauen, wenn sie wirklich mal etwas falsch gemacht haben, weil sie nicht wissen, wie sie damit umgehen sollen. Für mich war diese Erfahrung aus dem Sport einfach wichtig und ich habe sie auf den Alltag übertragen: Ich darf Fehler machen, allerdings denselben Fehler nicht zu oft wiederholen, denn dann habe ich daraus nichts gelernt.

AHMED DIACK

Zusammen zum Erfolg

Der ehemalige argentinische Nationaltrainer César Luis Menotti sagt: »Ich träume von einem Argentinien, in dem die Menschen respektiert werden. In dem es keine Kinder gibt, die auf der Straße leben, keine Slums. Wenn ich diese Armut sehe, bin ich bestürzt und denke, dass meine Generation und ich nicht genug getan haben, um unser Land gerechter zu machen. Deshalb müssen wir alle lernen, Nein zu sagen. Nein zu den offensichtlichen Lügen der Politiker. Nein zum Erfolg um jeden Preis, Nein zu fehlender Bildung, zum Krieg, zur Armut! Danach können wir für das Ja arbeiten, was nichts anderes bedeutet, als die Wahrheit zu finden. Dann erst beginnt der wirklich schwere Weg.«

Vom Senegal nach Deutschland

Im Senegal habe ich in der Stadt bei meinen Großeltern gelebt. Meine Eltern waren bereits in Deutschland. Ich bin Einzelkind, habe aber ganz viele Cousinen und Cousins, die ich als meine Geschwister ansehe. Auch eine Cousine und deren ganze Familie wohnte mit im Haus meines Großvaters. Ich hatte mein eigenes Zimmer, und das Leben dort hat mir Spaß gemacht, weil ich viel Freizeit hatte und sehr viel unternehmen konnte. Das Leben im Senegal kann sehr schwer sein, aber auch bunt. Es kommt darauf an, in welchen Verhältnissen deine Eltern leben. Einige meiner Freunde hatten es schwer, weil ihre Familien in schlechten Verhältnissen lebten. Sie hatten keine Möglichkeit, zur Schule zu gehen, und deshalb fehlte es an Bildung. Inzwischen ist alles besser geworden, weil jetzt alle zur Schule gehen, egal ob arm oder reich. Früher war das nicht so. Aber auch wenn das Leben im Senegal jetzt besser ist, kann man es nicht mit dem Leben in Deutschland vergleichen. Ich selbst aber habe dort gut gelebt.

Fußball in Afrika und in Deutschland

Wenn ich meinen Wechsel vom Senegal hierher betrachte, sehe ich einen großen Unterschied: In Afrika habe ich einfach Fußball gespielt und dabei ausschließlich Spaß gehabt. Hier in Deutschland habe ich Neues dazugelernt: Taktik, wie man sich mit dem Ball verhält, auch gegenüber dem Gegner. Das ist aus meiner Sicht eine gute Entwicklung für mich. Denn so kann ich selbst besser Fußball spielen und auch meinem Mitspieler helfen. In Afrika war diese Ordnung nicht möglich. Man kann dort auch kein Spielführer werden, weil man selbst nicht weiß, wo es langgeht. Da kann nur der Trainer etwas sagen. Hier in Europa kann man auch als Spieler etwas sagen, weil man Teil des ganzen Lernprozesses ist.

Natürlich gibt es Unterschiede in der Mentalität zwischen der afrikanischen und deutschen Spielkultur. Vom Typ her allerdings versuche ich, beide Mentalitäten zu vereinen. Aus Afrika bringe ich den Entschluss mit, immer Fußball spielen zu wollen. Wenn dort jemand verletzt ist, sagen wir: »Ach, das ist nicht schlimm, spiel weiter.« Vielleicht ist das auch mein derzeitiges Problem mit einer Knieverletzung, weil Afrikaner immer spielen wollen. Hier in Deutschland macht man schon bei kleineren Verletzungen eine Pause. Das ist eigentlich nicht schlecht, denn ohne Pause wird es schlimmer und irgendwann ist es ganz schlimm. Ich habe aus meiner Verletzung gelernt, vorsichtiger mit mir umzugehen. Und auch insgesamt versuche ich, vom Typ her jetzt mehr deutsch zu sein, gerade was das Ruhebewahren, Strategie und Taktik angeht.

Provozieren lasse ich mich nicht mehr

Ich bin ein stolzer Spieler, der das Vertrauen des Trainers braucht. Wenn ich dieses Vertrauen nicht habe, bin ich nicht so gut drauf. In den beiden ersten Jahren, als ich noch nicht richtig hier angekommen war, haben mich Beleidigungen aufgrund meiner

Hautfarbe wütend gemacht. Manchmal bin ich dann ausgerastet. Im dritten Jahr hat sich das geändert. Mir wurde klar, dass mich die Gegner mit ihren Beschimpfungen nur aus dem Spiel nehmen wollen. Darum habe ich mir vorgenommen, mich nicht mehr provozieren zu lassen. Die anderen können sagen, was sie wollen: Ich mache mein Spiel weiter. Kraft dafür geben mir meine Mitspieler. Sie haben mir klargemacht: Wenn ich ausraste, wenn ich jemanden trete, dann bekomme ich eine Rote Karte. Und das ist eine klare Schwächung der ganzen Mannschaft. Auch meine Trainer wissen um das Problem und stärken mir den Rücken mit Worten wie: »Mach dein Spiel und hör gar nicht auf die Beleidigungen.«

Meine Fußballwelt

Das Spiel fängt für mich schon am Abend vorher an. Ich gehe früh schlafen und wache auch früher auf, als ich eigentlich müsste. Ich frühstücke und höre dann meine Musik. Musik spielt

AHMED DIACK, geboren 1998, kommt aus dem Senegal und lebt seit knapp 4 Jahren in Deutschland und ist 14 Jahre alt. Mit dem Fußball in Deutschland hat er bei Germania 94 angefangen und spielt jetzt nach dem Wechsel zu Eintracht Frankfurt bereits in der U17. Er besucht eine Sportschule. Drei Mal in der Woche steht Sport auf dem Stundenplan, insgesamt sechs Stunden. An dieser Schule möchte er auch Abitur machen. Ahmed Diack ist Außenverteidiger.

auch eine wichtige Rolle in meiner Fußballwelt. Dabei höre ich jede Musik – außer deutschen Rap, besser gesagt Frankfurter Rap, den höre ich nicht. Da wir auch einen Ernährungsplan bekommen haben, schaue ich mir gerne an, was dort empfohlen wird. Meistens greife ich dann zu Spaghetti. Am Anfang fällt es schwer, sehr diszipliniert zu essen, aber irgendwann merkt man selbst, dass das wichtig ist. Vor allem, wenn man schon in der U17 spielt. Da wird Leistungsfußball gespielt. Man spielt gegen andere Bundesligisten, um Leistung abrufen zu können, ist es wichtig, auf die Ernährung zu achten.
Eintracht Frankfurt bedeutet mir viel im Leben. Ich wusste nicht, dass man als talentierter Spieler so gefördert wird. Wenn ich das mit anderen Mannschaften vergleiche, Stuttgart oder Hoffenheim, sehe ich sie hinter Eintracht Frankfurt. So gab es Spieler, die hier waren und dorthin gewechselt sind, von denen man nichts mehr hört. Die Eintracht versucht, das Beste aus einem Spieler zu machen, was die Schule und den Fußball angeht. Und auch wenn man verletzt ist, sind sie da und helfen einem. Das erlebe ich im Moment. Ich komme mit meinen Krücken und jeder aus der Mannschaft redet mit mir. Und auch die Trainer sagen mir beruhigende Worte. Das finde ich gut an der Eintracht. Darum sehe ich meine Verletzung auch nicht als Rückschritt an, sondern als neuen Anlauf.
Es gibt einige fußballerische Vorbilder in meinem Leben als Stürmer, als 6er und als Verteidiger. An erster Stelle steht Gareth Bale, der gerade zu Real Madrid gewechselt ist. Er war Außenverteidiger und spielt jetzt im Sturm – und das würde ich in Zukunft auch gerne tun. Samir Nasri von Manchester City gehört dazu, weil er ein 6er ist und ich das Dribbling mag und Bälle zu verteilen wie er. Und dann Marco Reus, seine Geschwindigkeit, sein Antritt, das gefällt mir auch.

Ich weiß, was der Islam für mich ist

Religion spielt eine wichtige Rolle in meinem Leben. Ich bin Moslem, aber kein Fundamentalist. Es gibt Moslems, mit denen kommt man nicht klar. Sie sagen, der Islam sei die einzig wahre Religion. Ich sehe das nicht so, sondern respektiere die Religionen der anderen. Wenn man Respekt vor seiner eigenen Religion verlangt, muss man erst einmal die der anderen respektieren. Leider schaffen so viele diesen Respekt nicht. Wenn ich zu Hause bin, halte ich die Gebetszeiten ein, aber durch das Training kann ich das nicht regelmäßig schaffen. Auch im Blick auf den Ramadan hatte ich schon Probleme. Es gab Menschen, die mir vorgehalten haben: »Fußball ist dir wichtiger als deine Religion.« Aber das ist nicht so. Leistungsfußball ist harte Arbeit. Und im Koran steht auch, wer hart arbeitet, muss nicht fasten. Andere Moslems kritisieren mich in diesen Zusammenhängen. Aber das interessiert mich nicht so, weil ich weiß, was der Islam für mich ist, und keine anderen Menschen brauche, die mir sagen, wo es langgeht. Manchmal denke ich, dass es Frieden auf der Erde nur gibt, wenn wir es machen wie beim Fußball. In unserer Mannschaft spielen vielleicht mehr Christen als Moslems. Aber wir kommen alle damit klar. Sobald wir in der Mannschaft sind, zählt nicht die Religion, sondern der Mensch. Und Religion soll dann auch keine Rolle mehr spielen, sondern der gegenseitige Respekt. So kommt man weiter. Im Prinzip bildet man im Fußball gemeinsam eine Religion. Denn Menschen aus allen Religionen kommen zusammen und versuchen, im Miteinander das beste Ergebnis zu erzielen. Jeder will das Gute in der Mannschaft. Im Leben ist es vielleicht so, dass die Moslems das Beste für ihre Religion wollen und die Christen für ihren Glauben. In einer Mannschaft ist es nicht so. Eine Mannschaft ist nur erfolgreich, wenn sie zusammenhält, mit all den Prägungen der Einzelnen. Eigentlich ist eine Mannschaft wie das Bild von einer Welt. Und wenn man gut miteinander trainiert hat, kann man auch große Ziele erreichen.

Zweikampf

Mit Selbstvertrauen in die Entscheidung

NIKLAS KÜNZEL

Tausend Leute sagen: Was kann ein Einzelner schon tun? Aber, war nicht Jesus zunächst auch ein Einzelner? Ein Einzelner, der gesund machte, ohne Rezept; der so teilte, dass es für alle reichte; der sich nicht einfach begnügte, mit dem was ist. Und dabei gewann er Freunde. Und daraus entstand eine Bewegung. In ihr kommt es auf jeden und jede an, auf die Begabung jedes Einzelnen. Aber viel mehr zählt das Team.

Mein Weg zum Profi

Besonders seit meinem Wechsel zur Eintracht spiele ich Fußball mit dem übergeordneten Ziel, irgendwann einmal Profi zu werden. In der Abwehr spiele ich, weil ich 1,86 groß bin. Das ist für einen Abwehrspieler sehr vorteilhaft. Dann bin ich stark im Zweikampf. Und weil ich kein besonders guter Techniker bin, ist die Abwehr die optimale Position.

An die Selbstständigkeit im Internat muss ich mich noch gewöhnen. Allein zu leben, ist für mich eine neue Erfahrung. Plötzlich muss ich die Wäsche selbst waschen, selbst aufräumen – da hatte ich zu Hause schon mehr Luxus. Und auch darum habe ich, wie fast jeder hier im Internat, immer mal ein bisschen Heimweh. Aber ich sehe meine Eltern jedes Mal, wenn sie zu einem Spiel kommen oder wenn ich alle zwei Wochen nach Hause fahren kann. Insofern ist die Situation erträglich.

Wenn ich ehrlich bin, habe ich bisweilen schon Muffensausen vor einem Spiel, etwa, wenn es gegen den Tabellenersten geht. Dann kann schon einmal die Angst hochkommen, dass wir verlieren oder dass ich kein gutes Spiel mache. Allerdings kommt uns Abwehrspielern entgegen, dass das Spielsystem schon vor Längerem so verändert wurde, dass die ganze Mannschaft mit verteidigen muss und wir hinten dadurch besser gesichert sind.

Selbstvertrauen und Verantwortung

Als zentraler Abwehrspieler sehe ich meine Rolle darin, dass ich die Mannschaft leite und auch die entscheidenden Zweikämpfe führen muss. Wenn ich sie verliere, fällt hinten meistens auch ein Tor. Insofern spiele ich auf einer ziemlich wichtigen Position. In meiner Position ist es allerdings nicht möglich, ohne Foulspiel auszukommen. Darum bekomme ich auch oft eine Gelbe Karte. Ab und zu ein taktisches Foul, das gehört einfach dazu. Und ich nehme lieber eine Gelbe Karte in Kauf, als ein Tor zu kassieren. Im Spiel darf ich mir dann nicht zu viele Gedanken über das Foul und meinen Gegenspieler machen, aber nach dem Spiel frage ich mich schon, ob ich ihm vielleicht wehgetan habe. Ich will nicht verletzt werden und möchte auch keinen Gegenspieler verletzen. Schließlich wollen wir alle den Spaß am Fußball behalten.
Ich gehöre zu den gläubigen Spielern. Ich bin evangelischer Christ und Werte wie Mut, Selbstvertrauen oder Hilfsbereitschaft sind mir wichtig. Solche Werte habe ich in meinem Elternhaus, in meiner Erziehung, vermittelt bekommen. Sie gehören zum Mannschaftssport.

NIKLAS KÜNZEL ist 17 Jahre alt und spielt seit 2012 bei Eintracht Frankfurt. Er geht auf eine Gesamtschule in Frankfurt Bergen-Enkheim und wohnt im Eintracht Internat.

Konter

NILS TEIXEIRA

In der Bergpredigt sagt Jesus: »Wenn dich einer auf die rechte Wange schlägt, halte ihm auch die linke hin« (Mt 5,39). Auch das ist eine Art zu kontern: nämlich den Gegner zu beschämen. Zur Zeit Jesu war es römischen Soldaten nicht nur erlaubt, straffrei jüdische Passanten zu schlagen, sondern sie durften die Menschen auch zwingen, ihnen das schwere Marschgepäck zu tragen. Der Konter Jesu dazu lautet: »Wenn dich einer zwingt, eine Meile mitzugehen, so geh zwei mit ihm« (Mt 5,41). Geh mit, aber nicht schweigsam. Rede mit deinem Gegner, zeige ihm deine Freundlichkeit. Und setze ihn so ins Unrecht. Schließlich weißt du: Es ist die Kraft des weichen Wassers, die den Stein bricht.

Was ist ein Konter?

Ein Konter ist der schnelle Gegenzug einer Mannschaft, die gerade einen Angriff abwehrt. Man steht kompakt, nah vor dem eigenen Tor, erobert den Ball und dann geht es so schnell wie möglich Richtung gegnerisches Tor. Eine der DFB-Studien zeigt, dass die meisten Tore aus einem Konter entstehen. Dabei hat man ungefähr 8 bis 13 Sekunden Zeit, den Abschluss zu finden. Das ist eine sehr kleine Zeitspanne. Der perfekte Konter führt zum Tor. Kontern heißt für mich, sich »zur Wehr zu setzen.« Man muss sich des Angriffs des Gegners erwehren. Man steht unter Druck, lässt den Gegner kommen, lauert aber zugleich auf eine Chance, die sich eröffnet. Es ist dieses Abwarten, über das Muhammad Ali gesagt hat: »Schwebe wie ein Schmetterling und stich wie eine Biene.« Man gibt dem Gegner das Gefühl, er ist nah am Tor, er hat die Chance. Doch plötzlich erobert man sich den Ball, rast am Gegner vorbei und setzt den eigenen Nadelstich. So etwas ist auch mental für den Gegner bitter, wenn er die ganze Zeit den Ball hatte, ohne zum Abschluss zu kommen. Und jetzt bekommt er auch noch das Gegentor.

Im Sinne der Bergpredigt, wenn Jesus sagt: »Wenn dich einer auf die rechte Wange schlägt, halte ihm auch die linke hin« (Mt 5,39), ist diese Einstellung natürlich schwierig. Im Privaten gebe ich in Konflikten auch erst einmal wenig Kontra. Meine Erfahrung hat gezeigt, dass damit nur unnötig etwas aufgewühlt wird. Ich lasse darum Konflikthaftes durchaus einfach so stehen. Wenn man das Thema dann ein paar Tage später erneut anspricht, hat sich in aller Regel die Situation deutlich geändert und entschärft. Insofern ist das mit dem Die-Wange-Hinhalten gar nicht so verkehrt für unser Zusammenleben. Aber natürlich gibt es Situationen, in denen man Menschen Grenzen aufzeigen muss. Wer keine Grenzen kennt, wer nicht lernt, Grenzen zu respektieren, übertreibt schnell. Zwischen diesem »Etwas-auch-stehenlassen-Können« und dem »Grenzen-Stellen«, muss ein Gleichgewicht herrschen. In diesem Gleichgewicht kann man sich untereinander besser kennenlernen und weiß irgendwann auch, was man miteinander machen kann und was nicht. Letztlich lässt sich doch über alles reden.

Was mir am Glauben wichtig ist

Ich habe einige Tattoos, unter anderem ein Kreuz auf dem Rücken mit der französischen Inschrift »Lebensfreude.« Das Kreuz symbolisiert den christlichen Glauben an sich. Ich bin römisch-katholisch und ich wollte unbedingt ein Glaubenssymbol an mir tragen. Die Inschrift »Lebensfreude« bedeutet mir, dass ich jeden Tag genießen möchte, so gut das möglich ist. Ich finde, das sollte man tun: Bei aller Konzentration und Ernsthaftigkeit, die einem das Leben abverlangt, sollte man die Freude daran nie verlieren! Eine gute Mischung aus Ernsthaftigkeit und Lebensfreude gehört zu meiner Einstellung. Vielleicht kommt diese Mischung aus deutschen Tugenden und portugiesischem Temperament auch daher, dass meine Familie bereits seit mehr als drei Jahrzehnten in Deutschland lebt. Vorbild für die Lebensfreude war mein älterer

NILS TEIXEIRA ist 23 Jahre alt. Seit 2011 spielt der dynamische Abwehrspieler, dessen Eltern vor fast 40 Jahren von Portugal nach Deutschland ausgewandert sind, mit der Mannschaft des FSV Frankfurt in der zweiten Bundesliga. Begonnen hat seine Karriere beim Bonner SC in seiner Heimatstadt. Von 2004–2008 spielte Nils bei Bayer Leverkusen. Er war Teil der Deutschen Nationalmannschaft von der U17 bis zur U20. Zur Saison 2009/10 wurde Teixeira Stammspieler bei Kickers Offenbach, für die er 68 Spiele in der 3. Liga bestritt. Der Linksverteidiger Nils Teixeira gehört zu den Profifußballern, die offen auch über ihren Glauben reden.

Bruder. Durch ihn bin ich zum Fußball gekommen. Er ging zum Training und ich bin mitgegangen, auch zu den Spielen. Und irgendwann sagte ich zu meinem Vater, dass ich auch gerne im Verein anfangen würde. Unsere ganze Familie ist fußballbegeistert. Auch mein Opa hat in Portugal Fußball gespielt. Und er hat mit seiner Mannschaft in dem schönen kleinen Dorf Nazaré, 100 km nördlich von Lissabon am Meer, zu seiner Zeit den Aufstieg aus der dritten in die zweite Liga geschafft. Mein Opa, der dort immer noch lebt, war ein Flügelflitzer. Und er hat mir schon ein paar Tricks gezeigt.

Fußball und Leben

Der Fußball bereitet einen sehr gut auf das Leben vor. Ich habe durch Fußball sehr viel Disziplin gelernt und Respekt. Durch den Fußball habe ich auch unterschiedliche Kulturen kennengelernt und, damit verbunden, den Umgang mit ganz unterschiedlichen Menschen. Normalerweise sucht man sich aus, mit wem man zu tun haben möchte. Im Fußball kannst du dir die Teamkollegen nicht aussuchen. Durch das Miteinander aber lernst du automatisch einen respektvollen Umgang. Das hilft mir auch im Leben weiter. Das ist wahrscheinlich ein Grund, warum ich mich mit Menschen aus allen Kulturen ganz gut verständigen kann. Ich habe wohl ein Gespür dafür, wie ich auf sie reagieren muss. Ich kann gut auf andere zugehen. Und dabei hat mir der Fußball sehr geholfen. Fast alle Mannschaften setzen sich aus Spielern aus vielen Ländern und Kulturen zusammen. Manche von ihnen sind irgendwann als Flüchtlinge oder Migranten in dieses Land gekommen. Und nun spielt man zusammen, über alle Barrieren hinweg. Sobald man das Feld betritt, weiß jeder, was auf ihn zukommt. Und dann beginnt das Spiel und funktioniert einfach. Man vergisst für ein paar Minuten alles, was drumherum ist. Ich hatte schon Mitspieler, die aus Kriegsgebieten kamen, und andere, die eine Flucht erlebt hatten. Im Spiel bist du miteinander auf ein Ziel fokussiert. Und du darfst das, was immer auch schlimm sein mag, einmal hinter dir lassen.

Mitspieler aus Kriegs- oder Krisengebieten

Ich bin ein neugieriger Mensch. Und darum bin in aller Regel ich derjenige, der den ersten Kontakt aufnimmt, wenn ein neuer Spieler dazukommt, vor allem aus dem Ausland. Ich weiß ja, dass das immer eine schwierige Situation für den Neuen ist. Er ist jetzt von zu Hause weg, manchmal sehr weit weg. Er ist der Sprache vielleicht nicht mächtig. Und darum ist es wichtig, dass da einer ist, der auf ihn zugeht und sich mit ihm beschäftigt. Insofern spreche ich ihn an und frage auch nach. Wenn ich allerdings merke, dass der Betroffene nicht mit mir darüber sprechen will, dann ist das vollkommen in Ordnung. Wenn er aber den Ball auffängt, dann beginnt man, sich auch über das zu unterhalten, was der Mitspieler erlebt hat. Und das ist oft sehr packend. Auch weil man wieder neu zu schätzen lernt, was man hier selbst hat: Ich komme nicht aus einem Kriegsgebiet und ich habe auf der Flucht auch keine Kugel in die Wade bekommen. Wenn man hört, was manche schon durchgemacht haben, merkt man, wie gut es einem selbst geht, dass man so etwas nie erleben musste.

Heilig?

Heilig ist mir definitiv die Familie. Das dürfte, glaube ich, für fast jeden Menschen gelten, weil die Familie der Halt ist. Sie sind die Menschen, die immer für dich da sind, die dich niemals im Stich lassen werden, vorausgesetzt, du verhältst dich ihnen gegenüber respektvoll und dankbar für das, was sie für dich getan haben. Und dann finde ich, dass man mir nie den Spaß verderben darf. Das ist ein so wichtiger Part in meinem Leben, der mich aus Tälern zieht. Und umgekehrt kann ich manchmal Menschen aus Tälern ziehen, weil das wechselseitig übertragbar ist: Fängt ein Mensch zu lächeln an, lächelt sein Gegenüber auch. Und wo das geschieht, macht es das Leben in der Gemeinschaft so viel angenehmer.

MARVIN HELM

Eine einfache Sache mit großer Wirkung

Doppelpass mit Jesus: Ein Gelehrter will wissen, was er tun muss, um Anteil am ewigen Leben zu erhalten. Jesus fragt: »Was steht in der Schrift?« Der Gelehrte antwortet: »Gott lieben, und deine Nächsten wie dich selbst.« Jesus bestätigt: »Richtig. Mach das und du wirst leben.« Der Gelehrte ist nicht zufrieden. Er fragt: »Wer sind meine Nächsten?« Und Jesus erzählt von einem, der unter die Räuber fiel. Zwei Passanten eilen vorbei. Sie kümmert das halb tote, blutende Opfer nicht. Erst der Dritte bleibt und verbindet die Wunden. Der Helfer ist Ausländer. Er lebt nicht nach der Heiligen Schrift. Vielleicht kennt er sie noch nicht einmal. Aber er ist ein anständiger Kerl. Er hat wahrgenommen, was nötig ist, und hilft. »Was denkst du?«, fragt Jesus, »wer von den dreien war dem der Nächste, der den Räubern in die Hände fiel?« »Der ihm Gutes getan hat«, antwortet der Gelehrte. »So geh hin und handle entsprechend«, sagt Jesus. Eine einfache Sache mit großer Wirkung.

Sturm und Doppelpass

Ich bin Stürmer oder Angreifer über die Außenpositionen. Ein guter Stürmer darf nicht zu viel nachdenken, besonders vor dem Tor. Wenn man zu lange fackelt, kann es zu spät sein. Und ein guter Stürmer muss ehrgeizig und willensstark sein. Gerade wenn man eine Chance vergeben hat, darf man den Kopf nicht hängen lassen, sondern muss gleich bei der nächsten Aktion wieder das Tor im Kopf haben. Meine größten Stärken sind Leidenschaft und Ehrgeiz. Ich gebe selten einen Ball verloren, sondern laufe hinterher und kämpfe.

Für den erfolgreichen Doppelpass braucht man eine Mannschaft, die sich viel bewegt, damit man direkt weiterspielen kann. Und man braucht viel Kommunikation, Kommandos, damit man überhaupt weiß, dass man direkt spielen kann, dass man sich nicht

wegdrehen muss, weil ein Gegner von hinten kommt. Solche Kommandos lauten »Klatsch« oder »Zeit« oder »Dreh.« »Klatsch« bedeutet, den Ball direkt zu spielen, also den Doppelpass zu machen. »Dreh« heißt, man kann sich auch drehen, hinter einem ist es frei. Und »Zeit« heißt, du kannst den Ball in Ruhe annehmen, du hast für einen Moment die Zeit, zu machen, was du willst.
Der Doppelpass ist im Grunde eine ganz einfache Sache mit großer Wirkung. Damit er gelingt, muss man Vertrauen haben, dass man den Ball, den man weitergibt, auch zurückbekommt, dass er nicht verloren geht, weil sonst die ganze Mannschaft ihn erst wieder zurückerobern muss. Befreundet sein muss man für eine solche Aktion nicht. Man muss nur realistisch sein, sehen, wer gut Fußball spielt, und das Vertrauen haben: »Dem kannst du den Ball geben.«

Außerhalb des Feldes

In meinem Leben, in meinem Alltag bin ich nicht nur offensiv. Bei manchen Dingen bin ich sehr zurückhaltend, ruhig und schau mir das eher an. Bei anderen Dingen bin ich voll dabei, gehe sie an und will einfach Spaß haben. In mir gibt es beide Seiten.
Meine Freunde und meine Familie nicht oft zu sehen nehme ich in Kauf, weil ich einen Riesenspaß am Fußball habe und damit auch etwas erreichen will. Es wäre doch schade, wenn man ein Talent hat und man würde nicht daran arbeiten, es einfach wegwerfen. Dazu kommt, dass ich sehr viele Dinge erlebe, die meine Freunde nicht erleben, die dann halt mehr Zeit für anderes haben. Dazu gehören Turniere gegen andere Bundesligisten oder auch ausländische Mannschaften. Wenn ich mit meinen Freunden darüber rede, hört man immer deren Staunen. Sie fragen: Wie läuft es? Gegen wen habt ihr gespielt? Und es ist dann schon ein cooles Gefühl, davon zu erzählen.
Seit einem halben Jahr habe ich einen Berater. Dafür habe ich mir sehr lange Zeit gelassen, weil es in diesem Bereich auch viele

Abzocker gibt. Mein Berater hält sich sehr zurück und macht nur etwas, wenn ich zustimme.
Um mich gut fühlen zu können, muss ich das Vertrauen der Menschen spüren, mit denen ich zusammenlebe und mit denen ich auch im Sport zu tun habe. Auch mit der Schule muss alles im Reinen sein. Denn man weiß ja, wie wichtig das ist: Verletzt man sich, braucht man etwas in der Hinterhand. Mit der Familie und den Freunden darf es keine Streitigkeiten geben. Und alle müssen gesund sein.
Wenn ich mein Fachabitur habe, wird es vom Fußball abhängen, was ich mache. Wir werden sehen, was wir in dieser Saison erreichen und was dann im Herren-Bereich geht: Ob ich einen Vertrag bekomme und wo, in welcher Liga ich einen Vertrag bekomme. Das ist mein erstes Ziel. Insofern hängt alles andere von der Frage ab, wie es mit dem Fußball läuft. Mein größter Wunsch wäre es, Champions League-Sieger zu werden.
Richtig wichtig ist mir im Leben meine Familie und die Gesundheit meiner Familie. Ich habe auch schon schwierige Zeiten erlebt, in denen ich ein halbes Jahr lang krank war, verletzt. Da habe ich deutlich gespürt, wie sehr mich die ganze Familie unterstützt und aufbaut. Und auch Freunde kamen zu Besuch und haben nach mir geschaut. Dafür bin ich sehr dankbar. Für sie würde ich alles geben.

MARVIN HELM ist 18 Jahre alt. Er besucht die Fachoberschule in Frankfurt am Main und ist auf dem Weg zum Fachabitur. Seit 2010 spielt er bei Eintracht Frankfurt und wohnt im vierten Jahr im Internat des Leistungszentrums. Geboren ist er in Oberhessen, wo er mit Fußball begonnen hat. Dort und auch in der Hessenauswahl lief es so gut, dass die Eintracht auf ihn aufmerksam wurde. Zu Turnieren mit der Hessenauswahl kamen jeweils auch Scouts von Bundesligisten. Dabei signalisierte die Eintracht Interesse und er wurde eingeladen, die Arbeit vor Ort kennenzulernen.

Tackling

VIOLA ODEBRECHT

Manchmal ›Buhmann‹ sein

Als Jeremia von Gott für die verantwortungsvolle Aufgabe des Propheten ausgewählt wird, wehrt er sich. Er hat gute Argumente: »Ich bin zu jung«, sagt er. Und er sagt auch: »Ich kann nicht reden« (Jer 1,6). Ob er da vielleicht schon ahnt, dass er nicht nur der Überbringer von guten Nachrichten sein wird, dass er in manchen Situationen dazwischengrätschen und seine Mitmenschen wachrütteln muss? Überhaupt: Wie alt muss ein Mensch sein, um Verantwortung übernehmen zu können? Und welche Bildung braucht er, um reden zu können? Den Jeremia lässt Gott jedenfalls nicht mehr aus der Verantwortung. »Sag nicht, ich bin zu jung. Wohin ich dich schicke, dorthin sollst du gehen. Und was ich dir auftrage, das sollst du sagen. Hab keine Angst vor den Menschen, denn ich bin mit dir, um dich zu retten«, lautet der unwiderrufliche Auftrag Gottes. Jeremia nimmt ihn an – auch wenn er dadurch manchmal zum Buhmann wird.

Damit die Mannschaft besser wird

Interessanterweise hat Führungsqualität nichts mit der eigenen Leistung zu tun. Es hat mit Kommunikation zu tun, um der Mannschaft zu helfen. Es gibt Spielerinnen, die das gut können. Anderen fällt das schwerer, weil sie mehr mit sich zu tun haben, um die vom Trainer ihnen zugeteilten Aufgaben umzusetzen. Mir ist es immer leichtgefallen, auf dem Platz viel zu reden und Anweisungen zu geben. Viele sagen, dass es zu meinen Führungsqualitäten gehört, dass ich auch Verantwortung auf dem Platz übernehme, wenn es mal nicht so gut läuft, dass ich sogar spreche, wenn meine eigene Leistung nicht so gut ist. Auch das Ansprechen kritischer Themen gehört dazu. Wenn man führt, ist man gern dabei, dem anderen auf die Schulter zu klopfen. Aber es gehört *auch* dazu, einer Spielerin, die träumt oder nicht umsetzt, was sie eigentlich kann, mal die Meinung zu sagen. Es gibt wenige Spielerinnen, die sich trauen, eine Mitspielerin auch mal anzuschreien, weil sie einen Weckruf braucht. Dazu bin ich mir nicht zu schade. Auch außerhalb des Feldes gehöre ich zu denen, die unangenehme Dinge ansprechen, zum Beispiel wenn ich merke, dass die Disziplin in der Mannschaft nachlässt. Mit solchen Themen ist man immer erst einmal der Buhmann. Man muss sie aber ansprechen, damit sich etwas verbessert. Seit ich Fußball spiele, ist es mir noch nie schwergefallen, meinen Mund aufzumachen. Ob das akzeptiert wird, hängt davon ab, wie man die Themen rüberbringt und mit Selbstkritik umgeht. Wenn man nur herumpöbelt und sich selbst nicht mit hinterfragt, funktioniert das nicht.

Ich bin auch gegen Rassismus bei »Show Racism the Red Card – Deutschland e.V.« engagiert, denn wenn man in der Öffentlichkeit steht, wird man in der Öffentlichkeit mehr gehört. Eigene Erfahrungen mit Rassismus habe ich keine. Ich bin tolerant erzogen worden. Weil ich Fußball spiele, habe ich seit meinem 16. Lebensjahr mit Spielerinnen aus anderen Ländern zusammengespielt. Ich habe weder Berührungsängste noch Vorurteile. Und ich habe in keiner Mannschaft, in der ich gespielt habe, erlebt, dass jemand aufgrund der Herkunft oder der Hautfarbe ausgegrenzt worden wäre. Manchmal vielleicht aufgrund des Charakters, aber das hat mit Rassismus ja nichts zu tun.

Das ist es auch, was man vom Fußball fürs Leben lernen kann, nämlich miteinander umzugehen und in einem Team zu arbeiten, kritische Punkte anzusprechen, konstruktive Kritik anzunehmen und auch umzusetzen. Man lernt, Ehrgeiz und Motivation zu entwickeln für ein Ziel, das man erreichen will, und den Glauben daran, dieses Ziel auch erreichen zu können. Man erwirbt die soziale Kompetenz, mit verschiedenen Charakteren umzugehen, und das sensible Gefühl dafür, wie, wo und wann man sich einbringen kann; auch, welche Zeiten die besten sind, den Trainer etwas zu fragen, auf ihn einzugehen oder auch Kritik zu äußern.

Ehrgeiz, Zielumsetzung und soziale Kompetenz sind vielleicht die drei wichtigsten Dinge, die ich aus dem Fußball gelernt habe.

Was mir kostbar ist

Auf den Sport und auf das ganze Leben bezogen ist es die Gesundheit. Im Sport gehört für mich dazu, von Verletzungen verschont zu bleiben und zugleich an die Grenzen gehen zu können. Im Leben über den Sport hinaus wünsche ich mir, glücklich zu sein. Man muss dazu selbst herausfinden, was einen glücklich macht, ob es das Leben mit Freunden, Familie oder die Arbeit ist. Daraus eine gute Mischung zu finden, gilt auch für die Zeit nach dem Sport. Ich würde gern eine aussichtsreiche Arbeitsstelle haben und entsprechend viel verdienen. Aber ich habe gelernt, dass nicht die Arbeitsstelle an sich Spaß machen muss, sondern die Leute, mit denen man zusammenarbeitet. Natürlich muss eine Herausforderung gegeben sein, aber wenn die Menschen nett sind, kann es überall gut sein. Da ich sehr gern andere Länder sehe, möchte ich es mir leisten können, zu reisen, so viel wie möglich zu sehen und erleben zu können. Geld an sich ist kein Wert, aber die Fußballspielerinnen sollten besser entlohnt werden. Und zwar nicht nur in den besseren Vereinen wie Wolfsburg, Potsdam, München und Frankfurt. Nur wenn man mehr verdient, kann man mehr Zeit investieren und dadurch besser und konkurrenzfähiger werden. Dieses Niveau wie in der ersten Bundesliga der Männer, wo es um Millionenbeträge geht, wird der Frauenfußball wohl nie erreichen. Aber es ist auch kein Fußballer 94 Millionen Euro wert, während so viele Menschen in Afrika verhungern. Wenigstens ist es inzwischen in Deutschland so, dass es keine Nationalspielerin gibt, die nebenbei arbeiten muss, um ihren Lebensunterhalt bestreiten zu können. Die meisten aber wollen arbeiten, weil es ja schließlich ein Leben nach der Fußballkarriere gibt.

VIOLA ODEBRECHT kam 1983 in Neubrandenburg zur Welt. Sie war 6 Jahre, als die Mauer fiel. Die Nationalspielerin spielt im Mittelfeld des VFL Wolfsburg, mit dem sie 2013 das Triple aus Deutscher Meisterschaft, Pokal und Champions League gewann. Vor ihrem Engagement in Wolfsburg gewann die vielfache Nationalspielerin, die auch zum DFB-Weltmeisterschaftsteam 2003 gehört, im Team von Turbine Potsdam vier Mal in Folge die Deutsche Meisterschaft und die Champions League 2010.

Kreativ sein dürfen

Die ersten Christen in der Antike liefen immer Gefahr, entdeckt zu werden und dann ihr Leben zu verlieren. Es war verboten, jemand anderen als den Kaiser als Gott zu verehren. So etwas zu riskieren wagte anfangs nur, wer sich frei fühlte von gesellschaftlichen Zwängen und bereit war, sich geistig zu bewegen und etwas Neues auszuprobieren – unabhängig von der Meinung anderer. Sie waren bereit, mit hohem Einsatz ihr Glück zu suchen.

Erfolg motiviert

Stürmer war ich nicht immer. Als ich angefangen habe, wurden wir zwar alle in unterschiedlichen Positionen aufgestellt. Im Endeffekt aber hat jeder mal da oder dort gespielt. Erst in der U15, als ich zur Eintracht gekommen bin, stand die Entscheidung zwischen Außen- und Mittelstürmer an. Ich selbst habe mich in der Mitte am wohlsten gefühlt und der Trainer fand das auch richtig. Seitdem habe ich meine Position, besonders auch weil ich torgefährlich bin. Im Sturm spiele ich, weil man dort viele Erfolgserlebnisse hat, durch Tore eben. Im Sturm ist man frei, man kann seine Ideen ausleben und verwirklichen. Ich bin ein spielender Stürmer, was bedeutet, dass ich eher nicht am Sechzehner stehe und auf den Ball warte, sondern Chancen mit herausspiele durch den Doppelpass, für den ich mich anbiete, oder auch durch eigene Vorlagen.

Professionelle Vorbereitung für den Glücksmoment

Wichtig vor einem Spiel ist für mich, dass ich mich wohlfühle. Dazu gehört, dass ich das nötige Selbstbewusstsein habe und weiß, du kannst was, du kannst das. Mir und meinem Umfeld muss es gut gehen. Dann kann ich mit einem klaren Kopf aufs Spiel zugehen. Zur Vorbereitung gehört, dass wir am Abend vorher noch einmal locker im Gemeinschaftsraum zusammensitzen.

Vor dem Spiel noch einmal auf andere Gedanken zu kommen und nicht zu fixiert zu sein, hilft mir. Genauso wichtig ist die gute Ernährung und viel Schlaf. Direkt vor dem Spiel gehe ich meistens noch einmal durch, was ich mir vornehme und wie ich die Sache anpacken will. Dann rufe ich in mir Situationen auf, in denen etwas richtig gut geklappt hat, und mache mir den Ablauf noch einmal klar.
Meine Mitspieler sind mir sehr wichtig. Wir sind eine Mannschaft – und wir können nur zusammen funktionieren, keiner alleine. Natürlich muss der Sturm Tore machen, dass wir gewinnen. Darum ist es auch von Nachteil für die Mannschaft dahinter, wenn es im Sturm nicht läuft. Aber es ist genauso wichtig, dass hinten die 0 steht. Und das bedeutet: Wir müssen zusammenhalten.

LUCA WALDSCHMIDT ist 17 Jahre alt, geht auf ein Frankfurter Wirtschaftsgymnasium, besucht dort die 13. Klasse und wird 2014 sein Abitur machen. Ursprünglich kommt er aus der Nähe von Dillenburg, wo auch sein Stammverein ist.
Luca Waldschmidt ist Stürmer in der U19 Eintracht Frankfurt und Nationalspieler.
Mit dem Fußballspielen hat er im Alter von 4 Jahren angefangen. Seine Mutter erzählte ihm, dass er beispielsweise nie mit Lego gespielt habe, sondern immer nur einen Ball wollte. Sein Vater spielte früher auch einmal Fußball, in der zweiten und dritten Liga bei SV Darmstadt 98. Sein Ziel ist es, Fußballprofi zu werden und sein Geld mit Fußball zu verdienen.

Neben dem Fußball ist mir meine Familie sehr wichtig. Durch das Wohnen im Internat sehe ich meine Eltern und meine kleinere Schwester nur alle zwei Wochen. Allerdings kommen sie oft zu unseren Spielen, abhängig davon, wie weit entfernt das Auswärtsspiel ist. München geht schon nicht mehr, aber zum Beispiel Stuttgart schon. Wenn ich hier bin, in der Routine des Tagesablaufs zwischen Schule, Training und Spiel, merke ich nicht so, was ich vermisse. Aber wenn ich zu Hause war und dann wieder hierhermuss, würde ich schon gern noch ein bisschen bleiben. Dann doch zu fahren, gehört zum Preis für das Ziel, das ich habe.

Im Tor

Ein Fehler kommt bestimmt

JULIAN BIBLEKA

Vom bayerischen Schriftsteller Ludwig Thoma (1867–1921) stammt der Satz: »Es gibt Berge, über die man hinübermuss, sonst geht der Weg nicht weiter.« So ist das sicher auch mit Fehlern. Niemand kann uns ersparen, Fehler zu machen. Man muss durch sie hindurch und wird hoffentlich aus ihnen lernen. Dann geht der Weg ganz bestimmt weiter.

Rein ins Getümmel

Torwart zu sein ist eine Mutfrage. Man hat viel Verantwortung, vielleicht sogar mit die meiste Verantwortung auf dem Spielfeld. Jeder Fehler kann zu einem Tor führen. Und die Mitspieler müssen sich auf den Torwart verlassen können. Wenn es vor meinem Tor brennt, muss ich mich furchtlos dazwischenwerfen.
Meine Aufgabe besteht wesentlich darin, der Mannschaft von hinten heraus viel Ruhe zu geben. Ich denke, dass die Mannschaft mir vertraut und ich selbst auch die Verantwortung übernehmen kann. Von Natur aus bin ich ein ruhiger Typ. Aber wenn ich auf dem Platz stehe, dann entwickelt sich schon etwas anderes in mir. Dann werde ich auch mal lauter.
Eine meiner größten Stärken ist die Bereitschaft, letzte Verantwortung zu tragen. Das gehört zum Torwartspiel einfach dazu, genauso wie die Beherrschung des Strafraums. Gerade weil jeder Fehler zu einem Tor führen kann, muss man Verantwortung tragen können. Wer das nicht kann, wer damit nicht umgehen kann, gehört nicht ins Tor.

Weitermachen – auch nach Fehlern

Fehler machst du als Torwart zwangsläufig. Das geht gar nicht anders. Aber dann darfst du dir keinen Kopf machen. Du musst die Situation abhaken und sofort weitermachen. Sobald du zu viel darüber nachdenkst, passieren immer mehr Fehler. Weiterdenken und nach vorne gucken ist das einzig Sinnvolle in der Situation. So etwas ist einem nicht angeboren und auch ich konnte das nicht immer. Auch noch als ich anfing, bei der Eintracht zu spielen, hatte ich meine Probleme damit. Aber das muss man halt lernen, zum Teil auch selbst entwickeln: zu merken, jetzt hast du einen Fehler gemacht, aber das kannst du in der nächsten Situation ja auch wieder gutmachen. Das Grübeln einfach abschalten, die nächste Aktion besser machen – und es reißt dir ja auch keiner den Kopf ab.

Ein Spiel ist für mich gut gelaufen, wenn ich kein Tor kassiert habe. Aber dazu gehört auch, dass die Mannschaft wahrnimmt, da hinten steht einer, auf den sie sich verlassen kann. Als Torwart musst du immer konzentriert sein. Auch wenn es gegen eine Mannschaft geht, von der du denkst, die müssten wir eigentlich weghauen. Aber, man weiß nie, was kommt. Darum muss man bis zur letzten Minute 100 Prozent konzentriert sein. Denn auch in

JULIAN BIBLEKA ist Jahrgang 1996. Er kommt aus Albanien. Mit 2½ Jahren ist er mit seinen Eltern nach Deutschland gezogen. Mit seinem älteren Bruder, der schon früh im Verein spielte, hat er mitgekickt. So ist seine Leidenschaft für Fußball entstanden. Daraus hat sich ergeben, dass sein Vater auch ihn beim SV Oranien Frohnhausen angemeldet hat. Schon damals hat er in einer Mannschaft mit Luca Waldschmidt gespielt. In der U19-Mannschaft von Eintracht Frankfurt spielt er seit 2010, also seit der U15. Er steht im Tor.

der 89. Minute kann noch ein Torschuss kommen, der möglicherweise das Ergebnis wendet.

Spannungshöhepunkt Elfmeter

Vor einem Elfmeter hat der Schütze mehr Angst als der Torwart. Als Torwart ist es so: Entweder du hast die Ecke, oder du hast sie nicht. Ich kenne jedenfalls keine Technik, mit der man zu 100 Prozent sagen könnte, den Elfmeter habe ich. Im Grunde gehört viel Glück dazu. Natürlich kann man versuchen, den Schützen nervös zu machen. Da hast du als Torwart einen großen Vorteil. Auch an der Haltung des Schützen kann man erkennen, wohin der Elfmeter wahrscheinlich gehen wird – daran, wie der Fuß zum Ball steht, ob der Körper in Schräglage geht oder mit welchem Arm er ausholt, es gibt schon ein paar Anhaltspunkte, die ahnen lassen, wohin der Ball kommt. Damit kann man sich vor dem Spiel befassen. Es gibt allerdings auch die überragenden Schützen, die das alles wissen, damit antäuschen und dann genau in die andere Ecke schießen. Ein Elfmeterkiller bin ich höchstens, wenn ich gegen Luca Waldschmidt spiele. Den kenne ich so lang – obwohl auch das nicht immer ein Vorteil ist. Denn wenn man selbst sicher ist, der schießt links, und der andere weiß, was du denkst, dann schießt er natürlich in die andere Ecke. Zu glauben, man habe den anderen durchschaut, nur weil man ihn gut kennt, kann auch ein Nachteil sein.

Familienbande

Abgesehen von meiner Konzentration auf den Fußball spielt für mich meine Familie eine ganz wichtige Rolle. Ich habe vier Geschwister und bin selbst der Zweitälteste. Mein kleiner Bruder ist gerade 5 Jahre alt geworden und der sieht mir unglaublich ähnlich. Und so ein bisschen ist er auch wie ich. Daran merke ich, wie wichtig die Familie ist, gerade auch wenn man weggezogen ist. Ich wohne jetzt seit zwei Monaten in Frankfurt.

Mein Ziel ist es, mit dem Fußball Geld verdienen zu können. In jedem Fall so viel, dass ich meine Familie ernähren kann. Familie habe ich nicht nur hier, sondern auch im Ausland. Und ihnen geht es teilweise längst nicht so gut wie mir. Manchmal bin ich auch in Albanien und sehe selbst, was im Argen liegt. Und dann versuche ich, mit den Möglichkeiten, die ich habe, auch dort zu helfen.

Paraden

Wer heute hört, wie ein Fußballverein wirtschaften muss, damit alle Arbeitsplätze erhalten bleiben, wo er im Ranking der Clubs platziert ist, damit die Zukunft gesichert ist, wundert sich, wie ein Torhüter, von dem unter Umständen alles abhängt, ruhig bleiben kann. Sicher, er wird sich optimal vorbereiten und konzentrieren, aber das, was ihm heilig ist, außerhalb des Fußballfelds zu suchen, das rückt die Dinge an den Platz, wo sie hingehören.

Alle müssen mutig sein

Als Torwart ist man natürlich schon auf sich allein gestellt im Gegensatz zu den Feldspielern. Neben dem gegnerischen Torhüter ist man der Einzige auf dem Platz, der den Ball in die Hand nehmen darf. Insofern ist man etwas Besonderes. Und natürlich ist man auch der Letzte in der Mannschaft, der noch ein Gegentor verhindern kann. Aber der mutigste Spieler ist er nicht unbedingt, denn auch der Stürmer, der allein aufs Tor zuläuft, muss so mutig sein, das Tor auch zu machen. Oder beim Elfmeter. Der Torhüter hat nichts zu verlieren. Man geht nämlich davon aus, dass der Spieler aus elf Metern den Ball verwandeln muss. Der Torhüter kann aus dieser Drucksituation nur als Gewinner hervorgehen, aber der Schütze hat den Druck und muss mutig sein.

Vorbereitungen aufs Spiel

Um mich auf Elfmeter vorzubereiten, schau ich mir vor dem Spiel an, wer beim Gegner die Elfmeter bisher geschossen und wie und wohin er sie geschossen hat. Darauf stelle ich mich ein. Natürlich ärgere ich mich zuerst über die Elfmeterentscheidung. Aber dann muss man einfach abschalten und denken: »Komm, den halte ich jetzt.« Ich gehe positiv heran, nach dem Motto: »Egal, den hole ich mir.« Ein gehaltener Elfmeter ist traumhaft. Zum Beispiel am 9. August 2013 gegen den VfL Bochum: In der letz-

ten Minute der Nachspielzeit! Wir haben 1:0 geführt. Und weil ich den Elfmeter halten konnte, haben wir gewonnen. Das war ein überragendes Gefühl.
Auch die Stürmer sehe ich mir zur Vorbereitung an: Wo liegen deren Stärken, hat er einen starken linken Fuß und legt er den Ball eher nach links ab, um zu schießen?
Direkt vor dem Spiel höre ich Musik, gehe ein paar Szenen im Kopf durch und versuche, mich aufs Spiel zu fokussieren, auf das, was auf mich zukommen könnte. Ich gehe also noch einmal in mich und versuche, mich in Ruhe zu sammeln, bevor das Warmmachen draußen beginnt.

Fußballprofi – mein Kindheitstraum

Schon als Kind wollte ich immer in den schönsten Stadien spielen, die es in Deutschland gibt, vor vielen Zuschauern. Und ich hatte die Möglichkeit, mein Hobby zum Beruf zu machen. Das ist großartig. Meine ganze Familie ist sportlich. Selbst meine Mutter hat früher Fußball gespielt, genauso wie mein Vater. Von daher ist mir der Fußball praktisch in die Wiege gelegt worden. Zusätzlich habe ich aber auch eine Ausbildung zum Kfz-Mechaniker, denn das gab es ja schon oft, dass man sich im Fußball so verletzt, dass es mit der Karriere vorbei ist. Mir war es wichtig, erst einmal etwas in der Hand zu haben. Wenn es mit dem Fußball nichts geworden wäre, hätte ich einen anderen Weg gehabt.

Damit Kritik möglich ist

In einer Mannschaft ist wichtig, dass der Zusammenhalt da ist. Das gilt auch für den, der einmal nicht spielt. Der sollte nicht hintenherum lästern oder Stunk machen. Denn eine echte Mannschaft zeichnet aus, dass auch der, der nicht spielt, da ist, dem anderen alles Gute wünscht und Mut zuspricht. Ich glaube, der Zusammenhalt gehört zu dem Wichtigsten, auch auf dem Platz. Wenn einer mal einen Fehler macht, sollten eher aufbauende

PATRICK KLANDT Seit 2008 ist der 1983 geborene Spieler Stammtorhüter des FSV Frankfurt. Zunächst als Feldspieler durchlief er seit der F-Jugend die Jugendabteilungen bei Eintracht Frankfurt. Im Tor des VfR Kesselstadt wurde er als B-Jugendlicher Hessenpokalsieger und wechselte erneut zu Eintracht Frankfurt. Über den SV Wehen Wiesbaden und Hansa Rostock kam er zum FSV Frankfurt, wo er Leistungsträger ist und als Identifikationsfigur für die Fans gilt.

Worte kommen – und auch, dass ein anderer den Fehler vielleicht wieder wettmacht. Dass man dem anderen sagt, was einem nicht passt, und umgekehrt etwas gesagt bekommt, gehört im Spiel schon auch dazu. In aller Regel weiß man ja selbst, wann man einen Fehler gemacht hat. Eine Meinungsverschiedenheit zu haben, ist in Ordnung. Aber man darf sich nicht beleidigen. Manchmal hilft ein Gespräch unter vier Augen nach dem Spiel.

Was mir wichtig ist

Die Gesundheit ist das Wichtigste. Nichts geht über die Gesundheit. Du kannst so viel Geld haben, wie du willst, wenn du nicht gesund bist, bringt alles nichts. Und zur Gesundheit gehört für mich auch die Lebensfreude.

Nur auf dem Papier ...

Aus den Tagebüchern von Franz Kafka (1883–1924) stammt der Satz: »Man kann das Matrosenleben nicht durch Übungen in der Pfütze lernen.« Wer Matrose sein will, muss an Bord eines Schiffes auslaufen und sich dem Kampf mit Wind, Sturm und Wellen stellen. Auch wer Fußball spielt, kann den Zweikampf nicht vermeiden – und auch nicht das Foulspiel. Manchmal passiert es einfach, ohne böse Absicht. Manchmal aber foult man aus taktischen Gründen und ganz bewusst. Im Christsein heißt Foulspiel »Sünde.« Kein Mensch ist frei von Sünden, von Fehlentscheidungen und Verfehlungen. Auch sie können einem einfach unterlaufen, oder sie geschehen mit böser Absicht. Anders aber als in der Liturgie auf Fußballplätzen gehört es zum Gottesdienst aller Kirchen, Foulspiel zuzugeben, es zu bereuen, um Vergebung zu bitten und auf eine Chance zum Neuanfang zu hoffen.

Abwehr – Foul – Taktik – shakehands

Zu meiner Zeit mit Manndeckung in der Abwehr wurde man daran gemessen, ob der Gegenspieler ein Tor geschossen hat. Hat er das nicht und hat er auch kein Tor vorbereitet, war alles wunderbar. Hatte man allerdings einen Fehler gemacht und ist das Spiel auch noch verloren gegangen, war alles negativ und man hat immer gleich einen auf die Mütze bekommen. Heute hat sich das Spiel gewandelt. Entscheidungssituationen sind nicht mehr nur abhängig von einem oder von zwei Spielern, den Innenverteidigern oder Manndeckern. Heute sind alle gefragt, die ganze Mannschaft. Natürlich war das früher im Grunde auch schon so, aber heute ist das viel extremer. Auch die Stürmer arbeiten defensiv. Insofern fängt die Abwehrarbeit wirklich schon vorn an und nicht erst über die 6er im Mittelfeld, also dem zentralen defensiven Mittelfeld, wie es früher war. Das heißt, die Schuldzuweisung bei einem Gegentor trifft nicht einen Abwehrspieler allein, der die

1:1-Situation nicht zu seinen Gunsten lösen konnte, sondern das ist ein Problem der ganzen Mannschaft. Sogar der Torwart, dem der Ball durchgerutscht ist, ist nicht allein schuld. Denn der Ball hätte ja auch schon vom Stürmer oder vom Mittelfeldspieler abgefangen werden können. Dann wäre nichts passiert.

Wenn man im Profifußball arbeitet und trainiert und der ganze Medienrummel dazukommt, gehört immer eine gewisse Anspannung dazu. Und da ist es letztlich egal, gegen wen man spielt. Sollte der Gegenspieler einen großen Namen haben, vielleicht sogar Nationalspieler oder Weltstar sein, der schon Titel errungen hat, wird alles noch interessanter und ist wie das i-Tüpfelchen oben drauf. Aber man sollte seinen Gegenspieler, egal ob er Schmidt oder Ibrahimovic heißt, nie unterschätzen, sondern sich bemühen, seine Aufgabe so gut wie möglich zu lösen.

Die Frage nach dem harten, aber fairen Zweikampf wird in den Ländern unterschiedlich beurteilt. Was in Deutschland schon als unfair gilt, wird in England noch lange nicht abgepfiffen. Ich meine, dass alles, was mit dem Ball geschieht, erlaubt ist. Aber vorgestreckte Beine oder bei Kopfbällen den Ellenbogen im Gesicht, das mag ich überhaupt nicht, weil man sich dabei sehr schwer verletzen kann. Leider wird manchen Jungs auch solches Verhalten beigebracht unter dem Stichwort: »Du musst dich wehren.« Zu welch schlimmen Folgen das führen kann, habe ich im Zweikampf von Manni Binz gegen Ulf Kirsten selbst einmal erlebt. Nach dessen Ellenbogencheck hatte Manni einen Jochbeinbruch. Wenn man sieht, dass hinter solchen Aktionen Absicht steckt, sollte das empfindlich bestraft werden. Dass man sowohl für Trikotzupfen als auch für ein Foul mit gestrecktem Bein eine Gelbe Karte bekommen kann, steht in keinem Verhältnis. Solche Fouls sollte man deutlich unterschiedlich verwarnen. Ob man sich mit seinem Gegenspieler nach dem Spiel über brisante Szenen unterhalten kann, ist ganz unterschiedlich. Es gibt Spieler, mit denen man redet und sich gegenseitig abklatscht. Dann ist alles wieder o.k. und im grünen Bereich. Es gibt aber auch die Spieler, die man absolut nicht abhaben kann. Man merkt, da stimmt die Chemie nicht. Die sind vielleicht auch einen Tick arrogant und sehen nur ihr Ego. Und sie vertreten nicht das faire, sportliche Spiel, das auf dem Platz stattfinden sollte. Mit denen gibt es auch kein shakehands.

Fußball heute

Der Fußball hat sich gewandelt. Er ist technisch hochwertiger und schneller geworden. Auch die Taktik wird wesentlich ausgeprägter über Spielanalysen entwickelt. Das geht bis dahin, dass

UWE BINDEWALD, der auch eine eigene Fußballschule in Friedberg leitet, ist seit Januar 2011 Trainer der U17-Junioren im Eintracht Frankfurt Leistungszentrum. Zuvor war er bereits als Co-Trainer der zweiten Mannschaft tätig.

Uwe Bindewald kam 1986 über seinen Stammverein in Friedberg-Dorheim und Kickers Offenbach (1983–1986) zu Eintracht Frankfurt. Nach fünf Jahren bei den Amateuren gab er in der Saison 1988/89 im Spiel gegen Werder Bremen sein Debut bei den Profis. Dort erlangte er beim Publikum Kultstatus als einer, der nie aufgab und seinem Verein auch durch zwei Abstiege hindurch treu blieb. 263 Spiele in der 1. Bundesliga und 123 Spiele in der 2. Bundesliga sind Teil seiner Karriere.

bereits in der Halbzeit Spielsituationen gezeigt und besprochen werden. Das ganze Drumherum um das Spiel an sich hat sich deutlich gewandelt. Auch das Team um die Mannschaft ist wesentlich größer geworden. Zu meiner Zeit gab es den Trainer, den Co-Trainer, den Physiotherapeuten und einen Betreuer – das war es. Heute ist der Stab an Betreuern fast so groß wie der Spielerkader selbst. Es hat sich vieles gewandelt. Und ich finde, dass die Spiele schön anzusehen sind. Hochwertiger Tempofußball mit viel Technik und gutem taktischen Verständnis, wie man ihn derzeit bei den Dortmundern sieht, macht schon Spaß. Damit kann man die Zuschauer begeistern. Es gibt heute viele gute Fußballer. Darum gehört immer auch das notwendige Quäntchen Glück dazu, um ein gutes Spiel zu machen. Natürlich auch die Einstellung zum Profisein. Und man muss manchmal zum richtigen Zeitpunkt am richtigen Ort sein. Dann kann man in einer guten Mannschaft, in der die Typen zusammenpassen, richtig guten Fußball spielen.

Trainerstress

Erst kürzlich war es wieder so: Wir haben uns gut auf das nächste Spiel vorbereitet, haben den Gegner unter die Lupe genommen und seine Stärken benannt. Alle wussten Bescheid. Und alles ist eingetroffen wie besprochen. Trotzdem haben wir es allenfalls in der ersten Viertelstunde geschafft, den Gegner in Schach zu halten. Dann haben wir durch eine unglückliche Situation ein Gegentor bekommen, durch individuelle Fehler, wie das meistens so ist, und das Spiel ist für uns aus dem Ruder gelaufen. Die nächsten 25 Minuten haben wir richtig neben uns gestanden. Zur Halbzeit lagen wir 3:0 zurück. Und da fragt man sich als Trainer schon, warum? Warum lässt sich die Mannschaft hier so gehen? Natürlich kommt einiges zusammen – die Charakterfrage, viele neue Spieler, eine neue Situation, neuer Druck. Und dann geht man in der Halbzeitpause in die Kabine und macht sich Gedan-

ken, was man den Spielern jetzt sagen kann. Faltet man sie zusammen, haut also mal richtig drauf und fragt: Welche Ziele habt ihr? Was wollt ihr erreichen? Oder probiert man es in einem ruhigen Ton?
Ich habe mich an diesem Tag für die ruhige Variante entschieden. Ob das richtig oder falsch war, ist auch im Nachhinein schwer zu sagen. Ich glaube, es gibt kein Rezept, mit dem man sicher sein kann, dass die zweite Halbzeit besser läuft. Ich habe also vernünftig und ruhig zu den Jungs gesprochen und ein paar Dinge hinterfragt, in der Art, ob sie noch Lust haben, Fußball zu spielen in der zweiten Halbzeit. Und siehe da, ohne dass ich viel gesagt hatte, haben sie im zweiten Abschnitt ihr wahres Gesicht gezeigt und wirklich tollen Fußball gespielt. Nun war da Leidenschaft und sie haben sich toll gewehrt. Leider sind wir am Ende nicht so belohnt worden, wie es verdient gewesen wäre. Wir haben 3:2 verloren. Aber die Jungs haben Moral gezeigt. Und das macht einen dann schon stolz, wenn es gelungen ist, etwas hervorgerufen zu haben, was die Jungs motiviert hat, sich nicht hängen zu lassen, sondern sich aufzubäumen.
Als Trainer nicht selbst in ein Loch zu fallen, ist ein Lernprozess. Man hat viel Druck, wenn es nicht so läuft. Und dann entwickelt man den Ehrgeiz, sich da irgendwie herauszuziehen und dabei ruhig zu bleiben. In der Halbzeitpause möchten Spieler schon etwas hören. Sie wollen Anweisungen haben und ein Feedback, was gut und was schlecht war. Ich kann sagen, dass die Jungs das mit großen Augen und offenen Ohren erwarten. Wenn es schlecht gelaufen ist, lässt der ein oder andere vielleicht den Kopf hängen. Aber das sind die Ausnahmen. In meiner jetzigen Mannschaft ist es viel eher so, dass die Jungs erhobenen Hauptes dasitzen und aufsaugen, was ich sage oder an der Tafel zeige.
Ansprachen nach dem Spiel sind individuell. Es gibt Trainer, die sofort nach dem Spiel etwas zu sagen haben und dazu einen Kreis bilden. Ich mache so etwas von unserer Tagesform abhängig.

Natürlich gibt es in jeder Mannschaft auch gewisse Rituale nach einem Spiel. Darum muss eine Traineransprache gleich nach einem Spiel nicht unbedingt sein.
Mir selbst gibt in meiner Arbeit und im Leben der Glaube Kraft und Mut. Deshalb trage ich auch eine Kette, an der ein Kreuz hängt.

MICHAEL GÖRLITZ

Man weiß nie, was kommt

Bisweilen läuft es gar nicht, wie man es sich vorgestellt oder erhofft hatte. Das gilt für den Fußball wie für unser Leben oder unseren Glauben. Nur »auf der Bank zu sitzen«, in diesem Augenblick, vielleicht ja sogar überhaupt nicht (mehr) gebraucht zu werden, kann zur harten Bewährungsprobe werden. Der christlichen Gemeinde schreibt der Verfasser des Jakobusbriefes über den Umgang mit solchen Prüfungssituationen: »Liebe Schwestern und Brüder! Freut euch, wenn ihr auf die verschiedenste Weise auf die Probe gestellt werdet. Denn ihr wisst: Wenn euer Glaube die Probe besteht, gibt er euch Standhaftigkeit. Achtet aber darauf, dass eure Standhaftigkeit durchhält und nicht nachlässt. Dann werdet ihr vollkommen und untadelig sein, und euch wird nichts mehr fehlen« (Jak 1,2–4).

Was bedeutet Fair Play?

Ein Foul beim Fußball ist normal und gehört alltäglich dazu. Allerdings gibt es eine scharfe Grenze zu rassistischen Übergriffen auf Spieler aus dem Ausland. Die gehören weder auf den Fußballplatz noch in unsere Gesellschaft allgemein. Fair Play bedeutet, fair miteinander umzugehen, sich im Rahmen der Spielregeln zwar sportlich zu messen, aber mit gegenseitigem Respekt.
Eine Schwalbe im Spiel bedeutet, dass man sich fallen lässt, obwohl es kein Foul war. Es handelt sich also um eine Unsportlichkeit. Oft ist es jedoch für den gefoulten Spieler, aber auch für den, der eine Schwalbe macht, nicht eindeutig, ob es zu einer Körperberührung kam, ob die Berührung ein Foul war. Das wird im Spiel manchmal nicht richtig klar. Aber ich erinnere mich, dass Miroslav Klose einmal nach einer Art Schwalbe zum Schiedsrichter gegangen ist und die Sache richtiggestellt hat. Das ist der optimale Fall, wenn man so ehrliche Spieler hat. Allerdings geschieht oft alles so schnell, dass man nicht genau weiß, wie die

Situation war – und dann ist es natürlich eine große Chance, wenn man einen Elfmeter zugesprochen bekommt.
Zum Fair Play gehört auch Toleranz gegenüber Homosexualität. Philipp Lahm sagte dazu kürzlich, dass es egal sein muss, ob ein Spieler mehr auf das gleiche Geschlecht steht oder das andere. Weil die sexuelle Orientierung nichts am Wert eines Menschen ändert, gehört der Einspruch gegen Homophobie auf jeden Fall zum Fair Play. Allerdings wird es für einen homosexuellen Spieler immer eine schwere Entscheidung sein, ob er sich dazu öffentlich äußern kann oder nicht. Denn man weiß nicht, wie die Fans reagieren und die Medien. Ich denke, die meisten Fußballer, auch die Spieler unserer Mannschaft, würden hinter einem Mitspieler stehen, der sich outet. Aber ich habe Zweifel daran, ob wir schon so weit sind, dass derjenige mit diesem Thema an die Öffentlichkeit gehen könnte. Gerade bei Auswärtsspielen muss man befürchten, dass die Zuschauer dieses Wissen missbrauchen. Fanatische Fans suchen nach den Schwachstellen und können sehr verletzend sein. Aber noch einmal: Keine Vorurteile auch auf diesem Bereich zu haben, sehen wir als Teil des Fair Play an.

Spieler mit den meisten Auswechslungen in der zweiten Liga

Am liebsten spiele ich im offensiven Mittelfeld. Da kann man sich frei bewegen. Als ich, nach der Rückkehr aus Schweden, zunächst vor der Verpflichtung bei der SpVgg Greuther Fürth stand, sah es anfangs so aus, als ob der Trainer mit meinem Spiel im Mittelfeld zufrieden wäre. Dann hat sich der Verein doch anders entschieden und mit Gerald Asamoah einen weiteren Stürmer geholt. Auf solche Entwicklungen hat man als Spieler keinen Einfluss. Und dass der Verein damals die Rolle im Mittelfeld nicht so offensiv gesehen hat, war einfach so. Aber auch als Mensch bin ich eher offensiv und lerne gern neue Leute kennen.

Seit ich beim FSV bin, wurde ich in jedem Spiel eingesetzt, in vielen aber auch ausgewechselt. Wenn das in der 50. oder 60. Minute geschieht, ist es nicht schön, weil man weiß, dass die Leistung nicht gestimmt hat. In aller Regel aber habe ich ganz gut gespielt. Weil mein Spiel aber sehr intensiv ist, reicht die Kraft manchmal nur bis zur 75. oder 80. Minute. Manchmal stellt der Trainer aber auch das System um, vor allem wenn man in Führung liegt und ein defensiver Spieler das Ergebnis mithalten soll. Dann ist klar, dass der offensivere Spieler ausgewechselt wird. Wenn es ginge, würde ich am liebsten durchspielen. Vor allem wenn ich mich fit fühle und gut gespielt habe, ärgere ich mich schon auch, wenn ich ausgewechselt werde. In jedem Fall ist es dann am besten, das Gespräch mit dem Trainer zu suchen, um zu erfahren, ob es etwas gibt, was man verbessern kann. Manchmal aber kann man die Begründung auch nicht nachvollziehen – und frisst die Entscheidung in sich hinein. Wobei unser Trainer immer ansprechbar ist.
Ich habe beim Fußball immer mein Bestes gegeben. Klar, man kann immer sagen, dass ich hier oder dort vielleicht den ein oder anderen Schritt schon hätte voraus sein müssen. Aber Zurückschauen bringt nichts. Und oft liegt es gar nicht in der eigenen Hand, wie sich etwas entwickelt. Insofern bin ich sehr zufrieden mit dem, wie es jetzt ist. Klar mache ich mir schon mal Gedanken darüber, wie es nach dem Fußball weitergeht. Aber ich denke auch, ich bin jetzt 26 und weder groß gewachsen noch schwer – das alles sind gute Voraussetzungen, um noch acht, neun oder zehn Jahre im Profi-Fußball vor mir zu haben. Aber eines weiß ich genau: Ich bin nicht der Typ, der den ganzen Tag am Bürotisch hocken kann. Darum sind mir Zukunftspläne am liebsten, die sich weiter mit dem Sport verbinden lassen.

MICHAEL GÖRLITZ, der vielfache U-Nationalspieler, ist ein offensiver Mittelfeldspieler. Sein Weg führte ihn vom 1. FC Nürnberg über den FC Bayern München zum schwedischen Erstligisten Halmstads BK. 2012 kehrte er nach Deutschland zurück und ist seither Stammspieler beim FSV Frankfurt. Für den Hessischen Fußballverband engagiert er sich als Fair Play Botschafter.

Angriff

MARTINA MÜLLER

Jetzt gilt's

Es gibt die »Sternstunden« von Menschen. Es gibt den Moment, den Tag, das Jahr, in dem einem alles gelingt. »Siehe, jetzt ist die Zeit der Gnade, siehe, jetzt ist der Tag des Heils« ,schreibt Paulus an die Gemeinde in Korinth (2 Kor 6,2). Gut, wenn man die Chance des Jetzt ergreifen kann, in der sich das Glück einem so nähert, dass man es mit allen Sinnen erleben und feiern kann.

»Dann packe ich mir jetzt den Ball« – Verantwortung übernehmen

Ich weiß gar nicht, ob es der Trainer wusste – normalerweise ist Nadine Kessler unsere etatmäßige Elfmeterschützin. An dem Tag hatte sie aber ein Problem mit dem Fuß. Vor dem Champions League-Endspiel gegen Olympique Lyon hat sie mich deshalb in der Kabine gefragt: »Martina, wenn wir heute einen Elfmeter bekommen, würdest du ihn schießen?« Ich habe Ja gesagt und natürlich nicht damit gerechnet, dass es im Endspiel einen spielentscheidenden Elfmeter geben wird. Aber dann wird der Elfmeter gepfiffen – und alle anderen gehen weg. Und ich dachte: »Dann packe ich mir jetzt den Ball.« Das ist schon eine große Drucksituation, gerade in einem solchen Spiel. Ich hatte in dem Moment einen absoluten Tunnelblick. Das hat mich selbst gewundert. Wenn ich im Fernsehen ein Spiel sehe, in dem einer einen Elfmeter schießt, dann weiß ich, jetzt kommt ein Ritual: Der Schütze muss den Ball noch einmal aufnehmen und wieder hinlegen. Das war auch in meiner Situation so, aber aus einem anderen Grund. Der Schiedsrichterin hat nicht gepasst, dass der Ball nicht richtig auf dem Punkt lag. Aber dort war ganz einfach ein Loch im Rasen. Mich hat das absolut nicht gestört. Ich habe noch mal herumgeschaut. Meine Schwester, ein paar Freunde und auch mein Patenkind waren im Stadion. Die haben sich nur gesagt: »Oh, mein Gott, was tut sie uns da an?« Und dann bin ich angelaufen und habe mir gesagt, ich schieße jetzt einfach mit voller Wucht drauf. Der Ball hätte natürlich auch irgendwo in der Londoner Innenstadt landen können. Aber er lag im Tor. Danach kommt alles raus, der ganze Druck, den man vor dem Elfmeter hatte. Ich habe ihn vorher nicht so gespürt, aber danach! Und am Tag danach. Und das ist bis heute so, wenn ich darüber nachdenke. Dann frage ich mich: Was hast du da eigentlich gemacht? Was wäre gewesen, wenn? Und dann kriege ich richtig Bauchschmerzen, weil mich das mein Leben lang verfolgt hätte.

Verantwortung für mich selbst musste ich schon sehr früh übernehmen. Ich bin mit knapp 18 von zu Hause weg. Und schon damals, als ich noch beim FSV Frankfurt gespielt habe, bin ich morgens um 5 Uhr zu meiner Ausbildung als Bürokauffrau aufgebrochen. Danach wurde ich zum Zug gebracht und bin von Kassel nach Frankfurt gefahren. Von dort ging es mit der S- und U-Bahn weiter zum Training an den Bornheimer Hang. Und dann musste

MARTINA MÜLLER, die 101-fache Nationalspielerin, hat mit dem VFL Wolfsburg 2013 das Triple geschafft: Sie wurde Deutsche Meisterin, Pokal- und Champions League-Gewinnerin. Im Endspiel der Champions League verwandelte sie den spielentscheidenden Elfmeter zum 1:0 Sieg. Für ihre Leistung wurde die gebürtige Kasselerin, die auch zum Deutschen Weltmeisterteam 2003 und 2007 gehörte, als Fußballerin des Jahres 2013 ausgezeichnet.

ich rechtzeitig nach dem Training wieder am Bahnhof sein, um den letzten Zug zurück nach Kassel zu bekommen. Auf diese Weise habe ich gelernt, dass ich Verantwortung für mein Leben trage und dass ich nicht nur Fußball spielen kann, sondern nebenbei auch meine Ausbildung absolvieren muss. Dass ich ein sehr eigenständiger Mensch geworden bin, habe ich auch dem Fußball zu verdanken.

Die Schwalbe ist ein Vogel – sonst nichts

Für das, was man erreichen möchte, muss man im Fußball kämpfen und im Leben manchmal auch. Ich spiele so gerne Fußball, weil ich dabei gelernt habe, dass man sich auch durchsetzen muss, wenn man etwas möchte. Aber wirklich ›heilig‹ ist für mich meine Familie. Auf sie würde ich nie etwas kommen lassen. Und natürlich die Gesundheit. Wenn man sie nicht hat, braucht man alles andere auch nicht.

Ehrlichkeit im Fußball liegt mir sozusagen im Blut. Selbst wenn ich gefoult werde, bleibe ich stehen und kriege dann manchmal sogar Ärger mit den eigenen Leuten. Oder der Schiri sagt sogar: »Lass dich doch fallen, dann kann ich einen Elfmeter pfeifen.« Nein. Eine Schwalbe ist mir deshalb eigentlich nur als Vogel bekannt.

Ich will

Die nächste Chance kommt bestimmt

NIA KÜNZER

Ein geflügeltes Wort sagt: »Wer keinen Mut zum Träumen hat, hat keine Kraft zum Kämpfen.« Erst als Gott ihm den Traum von Freiheit in sein Herz schreibt, findet Mose den Mut, vom Pharao in Ägypten zu fordern, sein Volk Israel aus der Sklaverei freizulassen. Er fürchtet sich nicht länger vor der politischen und militärischen Übermacht der Unterdrücker. Der Weg in die Freiheit beginnt mit dem Traum von einer besseren Zukunft und dem Mut, die dafür nötigen Schritte zu wagen.

Von Namibia nach Deutschland

Mein Vater war von 1978–1980 in Botswana für die Friedrich-Ebert-Stiftung tätig. In der Zeit bin ich gezeugt und geboren worden. Mein großer Bruder war vier Jahre alt, als wir zurück nach Deutschland kamen. In Deutschland haben meine Eltern die Position von Hauseltern in einem Albert-Schweitzer-Kinderdorf angenommen. Sie haben zu meinem Bruder und mir nach und nach noch sieben Kinder als sogenannte Pflegekinder aufgenommen. Ich habe die vielen Geschwister positiv in Erinnerung. Mir war nie langweilig. Ich hatte immer jemanden zum Spielen. Natürlich hatten die kleinen Kinder Vorteile gegenüber den großen, was das Mithelfen anbetrifft, auch was das Durchsetzen angeht für Fernsehzeiten oder Ins-Bett-Geh-Zeiten, einfach alles, was man darf. Natürlich gab es auch viel Streit um Spielzeug, Klamotten, Hausarbeit. Ich empfinde große Bewunderung für meine Eltern. Mittlerweile bin ich ja selbst Mutter. Und wenn ich mir im Rückblick meinen Vater vorstelle, der um fünf oder sechs Uhr von der Arbeit kam, und dann stürmten vom Kleinkind bis zu den Pubertierenden alle auf ihn ein und wollten etwas, vom Spielen über das Hausaufgaben-Machen bis zum Reden, vielleicht steht ja auch noch ein Elternabend an – dann muss ich sagen: Das war und ist schon eine großartige Leistung meiner Eltern.

Ich will und Hoffnung

Obwohl ich inzwischen auch von anderen Bedeutungen gehört habe, passt mein Name, Nia, wohl recht gut. Der Name stammt aus der Swahili-Sprache und bedeutet »Ich will.« Man sagt mir nämlich nach, recht zielstrebig und ausdauernd zu sein. Ich bin zum Glück bisher immer in der Lage gewesen, nach Verletzungen zurückzukommen. Die gehören beim Sport dazu. Und sie sind zunächst ja auch nichts Dramatisches. So ein Kreuzbandriss aber ist in der Karriere eines Leistungssportlers schon ziemlich einschneidend und kann im schlechtesten Fall das Ende der Karriere bedeuten. Man hat als Minimum ein halbes Jahr Pause, was die körperliche Verletzung angeht. Aber man schleppt das ja auch psychisch mit sich herum. Und spätestens beim vierten Mal fragt man sich doch: Warum immer ich? Warum in diesem Moment?

Zugleich gibt einem die Verletzung Zeit zu überlegen, wo man wirklich steht. Denn der Leistungssport hat ja auch etwas von einer Scheinwelt. Solange alles gut läuft, ist alles prima, in der Mannschaft, mit dem Trainer, meistens zumindest. Aber wenn man sich verletzt hat, ist klar, dass das Leben der anderen Mitspieler weitergeht. Sie trainieren weiter. Ich mache niemandem einen Vorwurf, dennoch stellt sich der Spruch als wahr heraus: »Aus dem Auge, aus dem Sinn.« Man muss da alleine durch, geht allein zu seiner Reha. Und dabei ordnet sich manches von selbst in der Wertigkeit. Mir hat in solchen Zeiten sehr geholfen, einen guten Freundeskreis außerhalb des Fußballs zu haben und einen sehr guten Draht zu meiner Familie. Das fängt einen in solchen Fällen auf.

Ich gebe aber auch zu, dass ich Phasen hatte, in denen mir mein Wille oder mein Ehrgeiz im Weg gestanden ist. Besonders dann, wenn etwas auf dem Spielfeld nicht funktioniert hat, habe ich oft lange und zu sehr mit mir selbst gehadert. Ich habe mich geärgert und war zwei Minuten später in Gedanken immer noch beim Fehlpass, sodass dann auch der nächste Pass nicht funktionierte.

NIA KÜNZER Am 12. Oktober 2003 wurde die Deutsche Nationalmannschaft der Frauen zum ersten Mal Weltmeister. Im kalifornischen Stadion »Home Depot Center« endete das Finale gegen Schweden in der 98. Minute mit dem Kopfballtreffer von Nia Künzer, dem »Golden Goal«.

Die 34-fache deutsche Nationalspielerin Nia Künzer wurde mit dem 1. FFC Frankfurt sieben Mal sowohl Deutsche Meisterin als auch Pokalsiegerin. Drei Mal gewann sie mit den UEFA-Pokal. Nach insgesamt vier Kreuzbandrissen beendete sie in der Saison 2007/08 ihre aktive Laufbahn.

Als Referentin für Sport und Integration im Hessischen Innenministerium und als Fußballexpertin bei der ARD ist die studierte Pädagogin dem Frauenfußball weiter verbunden. Im Projekt »Sport für Entwicklung« der Deutschen Gesellschaft für Internationale Zusammenarbeit (GIZ) ist sie engagiert, weil sie sich privat an einem Projekt in Namibia beteiligt. In diesem Projekt soll Sport als Medium, als Instrument genutzt werden, um Jugendliche und Benachteiligte zu erreichen und ihnen wichtige Inhalte zu vermitteln, sei es HIV-Aufklärung oder Gewaltprävention.

Das muss man abhaken. Und sich sagen: »Der nächste Pass«, sich ganz einfach nur konzentrieren und die Störung in sich bereinigen, weil man sonst zu sehr auf die eine Sache fixiert ist.

Mein zweiter Vorname Tsholofelo ist ein Setswana-Wort, das

übersetzt Hoffnung bedeutet. Ich bemühe mich, mein Leben einerseits zu genießen und andererseits mit meinem Umfeld, mit meinen Mitmenschen so gut wie möglich klarzukommen. Und das gibt mir eine gewisse Befriedigung. Und bei sozialen Projekten kann man im Kleinen und auch privat schon etwas bewegen. Und wenn alle etwas Kleines bewegen, kommt letztlich vielleicht doch Großes heraus.

Faszination Fußball

Es ist die großartige Einfachheit des Spiels. Deswegen bin ich daran hängengeblieben, weil man Fußball ja überall spielen kann. Auf dem Schulhof haben wir ihn mit einem Tennisball gespielt. Manchmal hatten wir statt des Balls nur eine Coladose. Man braucht nur zwei Jacken und hat ein Tor. Es ist also die Einfachheit. Und es ist dieses Gefühl, das man nur beim Fußball hat: Man ist am Wochenende mit seinen Freunden unterwegs. Das ist immer wie eine große Klassenfahrt. Dann – zusammen gewinnen, zusammen auch verlieren. Dieses Gemeinschaftsgefühl. Der Fußball hat mir unheimlich viel gegeben und das Gesamtpaket hat einfach gestimmt. Deswegen habe ich mich für Fußball entschieden und nicht für Leichtathletik. Mir hat der Teamgedanke gut gefallen. Ich fühle mich in der Gruppe einfach wohl.
Natürlich war das »Golden Goal« eines der wichtigsten und tollsten Erlebnisse und diese Momente ausgelassene Freude, vor allen Dingen auf der Feier. Das Tor selbst ist inzwischen total verzerrt in meiner Wahrnehmung. Ich habe es jetzt schon so oft im Fernsehen gesehen, dass ich es gar nicht mehr aus meiner Perspektive sehe, wie der Ball zu mir kommt und ich ihn köpfe, sondern auch das Fernsehbild vor Augen habe, so wie alle. Aber ich denke schon gerne an die Feier. Und daran, wie meine Zimmernachbarin Martina Müller und ich abends zu Bett gingen und uns zuriefen: »Wir sind jetzt Weltmeister!« Das ist zwar nichts Greifbares. Aber das sind ganz, ganz viele wunderbare Momente.

Vom Fußball fürs Leben

Man kann vieles vom Fußball lernen. Ich lerne, mit Erfolgen umzugehen, was auch nicht ganz einfach ist, und mit Niederlagen. Ich lerne, mich in einer Gruppe zu verhalten. Teamgeist, Fair Play und Respekt, das sind alles Dinge, die im Fußball notwendig sind, sonst funktioniert das Spiel nicht. Ich lerne genauso Verlässlichkeit, dass ich am Samstag wieder da bin. Pünktlichkeit. Es gibt so viele Dinge, die Fußball vermittelt, ohne mit dem erhobenen Zeigefinger zu drohen. Deswegen finde ich es schön und wichtig, wenn jedes Kind zumindest Sport kennenlernt, das muss nicht immer Fußball sein, auch andere Sportarten haben Bedeutung für das Lernen fürs Leben. Das zu vermitteln war mein Job im Innenministerium, gerade auch für Mädchen mit Migrationshintergrund, dass sie die Möglichkeit haben, es einmal auszuprobieren. Und wenn sich jemand dann lieber für Gitarre entscheidet, ist das auch gut. Möglichkeiten zu eröffnen, ist eine wichtige gesellschaftliche Aufgabe.

Mir selbst hat das »Golden Goal«, vor allem aber der Leistungssport an sich, viel für das weitere Leben gegeben. Denn da kommen ja hoffentlich noch 30 oder 40 Jahre. Einiges von dem, was ich dem Fußball verdanke, habe ich ja schon genannt. Ich glaube schon, dass ich mich in einer Gruppe bewegen kann. Das hilft mir jetzt natürlich auch bei der Arbeit, im Team. Ich habe aber auch gelernt, mich durchzusetzen und mal meine Meinung zu sagen, sie in anderen Situationen wieder zurückzuhalten. Ich bin, glaube ich, relativ stressresistent. Und meine Zielstrebigkeit gehört dazu. Ich habe vom Fußball sehr profitiert. Und das sind für mich die wichtigen Dinge, die mir der Fußball gebracht hat.

Die anderen sind, dass ich mich dadurch auch beruflich gut positionieren konnte. Ich habe verschiedene Standbeine. Ich habe einen ordentlichen Job und meine Nebentätigkeit. Ich arbeite als Expertin für die ARD. Ja, der Fußball hat mir viele Türen geöffnet. Durch manche bin ich gegangen. Durch manche wollte ich nicht gehen. Er hat mir schon einiges ermöglicht. Aber, so selbstbewusst bin ich auch: Ich muss selbst entscheiden, durch welche Tür ich gehe. Und das habe ich auch gemacht, denn man muss die Chancen schon ergreifen. Es trägt einen niemand hindurch. Und manchmal muss man sogar Dinge machen, die man sich selbst vorher gar nicht zugetraut hat, um dann zu lernen, ob das etwas ist oder nicht.

Mein Engagement für Kinder und Jugendliche hat sich mehr oder weniger so ergeben. Es hat sich herauskristallisiert, dass mir besonders Projekte mit Kindern, speziell Mädchen, wichtig sind. Und jetzt gerade aus Afghanistan zurückgekehrt muss ich sagen, dass ich das bin, dass es richtig ist, mich dafür einzusetzen. Nicht, weil ich Jungs benachteiligen will, sondern weil Mädchen es in vielen Teilen der Welt so unglaublich schwer haben.

Heilig ist mir die Familie. Gerne auch im weiteren Sinne – mit den Freunden. Das ist für mich auch mein Rückzugsgebiet. Da bin ich nicht die Fußballerin. Sondern da bin ich die Schwester, die Nichte, die Cousine. Und das tut mir gut, auch um mich zu erden. Denn da kann ich ich sein.

Handspiel

Die Hand Gottes oder doch die Hand eines Spitzbuben?

VOLKER JUNG

Darf man, um etwas Gutes zu erreichen, auch etwas Schlechtes tun? Das ist eine sehr schwere Frage. Die Antwort muss von der Situation abhängen. Am 31.12.1946 hielt der Erzbischof von Köln, der spätere Kardinal Frings, eine Predigt, in der er, mitten im eiskalten Winter, die Plünderung von Kohlezügen um des Überlebens willen verteidigte. »Wir leben in einer Zeit«, sagte er, »da in der Not auch der Einzelne das wird nehmen dürfen, was er zur Erhaltung seines Lebens und seiner Gesundheit notwendig hat«, besonders dann, wenn das durch Arbeit und Bitten nicht zu erlangen sei. Aber längst nicht immer heiligt der Zweck die Mittel. Und wer sich auf unfaire Weise Vorteile verschafft, sollte bisweilen darüber nachdenken, wie er sich selbst auf der anderen Seite fühlen würde, in der Rolle des Benachteiligten.

Handspiel – genau geregelt

Das Spiel heißt Fußball und nicht Handball. Deshalb ist es nicht erlaubt, den Ball mit der Hand zu spielen. Handspiel gehört im Regelwerk in die Kategorie »Verbotenes Spiel und unsportliches Betragen.« Wer den Ball mit der Hand spielt, kann sogar mit der Höchststrafe »Platzverweis« belegt werden. Nämlich dann, wenn durch das Handspiel ein Tor verhindert wird. Das gilt natürlich nicht für den Torwart. Der darf den Ball mit den Händen spielen. Um das möglichst effektiv zu tun, tragen Torleute dazu sogar spezielle Handschuhe. Unbegrenzt dürfen sie freilich auch nicht mit den Händen agieren. Es gibt strenge Auflagen. Zum einen räumlich: der Torwart darf den Ball nur in seinem Strafraum mit den Händen spielen. Zum anderen zeitlich: Länger als sechs Sekunden darf auch ein Torwart den Ball nicht in Händen halten. Ja und dann gibt es natürlich noch als Ausnahme den Einwurf. Wenn der Ball über die Seitenlinien das Spielfeld verlassen hat, wird er wieder mit den Händen eingeworfen, und zwar von einem

Spieler der Mannschaft, die den Ball nicht ins Aus befördert hat. Die Sache mit dem Einwurf ist gar nicht so einfach. Auch dafür gibt es strenge Vorschriften: Gesicht dem Spielfeld zugewendet, beide Füße auf dem Boden, mit beiden Händen von hinten über den Kopf. Und selbstverständlich gilt, dass aus einem Einwurf nicht direkt ein Tor erzielt werden kann. Man sieht also: Die Sache mit dem Handspiel im Fußballspiel ist sehr genau geregelt. Es darf ja wirklich nicht aus dem Fußballspiel gewissermaßen »unter der Hand« ein Handballspiel werden.

VOLKER JUNG, der promovierte Theologe, ist Kirchenpräsident der Evangelischen Kirche in Hessen und Nassau. Als Pfarrer und Dekan engagierte sich Jung in zahlreichen Bereichen wie der Notfallseelsorge, der Diakoniestation, dem Stiftungsrat des Eichhof-Krankenhauses und der Lauterbacher Tafel. Jung war auch Mitbegründer der Initiative »Gesicht zeigen gegen Gewalt« im Vogelsberg und Autor von Verkündigungssendungen im Hessischen Rundfunk. Von 2004 bis zu seiner Wahl als Kirchenpräsident im Jahr 2008 gehörte Jung der Kirchensynode an und war darin Mitglied im Rechtsausschuss. Seit 2010 ist Kirchenpräsident Jung Vorsitzender der Kammer für Migration und Integration der Evangelischen Kirche in Deutschland und Mitglied des Integrationsbeirates der Bundesregierung. Er ist verheiratet und hat zwei Töchter.

Handspiel – aber nicht ins Tor

Kurios ist es etwa, wenn mit einem Wurf völlig regelgerecht ein Tor erzielt wird. So geschehen am 21. August 1982 in der 44. Spielminute im Spiel Werder Bremen gegen Bayern München. Geworfen hat das Tor Uwe Reinders mit einem Einwurf. Uwe Reinders war bekannt für seine weiten Einwürfe. Gab es einen Einwurf in der Höhe des gegnerischen Strafraumes, dann konnte Reinders den Ball flankenartig bis direkt vor das gegnerische Tor werfen. An jenem Tag gelang ihm das besonders gut. Der Flanken-Einwurf flog direkt auf das Tor zu. Der Bayern-Keeper Jean-Marie Pfaff reagierte auf diesen Einwurf wie auf eine Flanke und versuchte ihn abzuwehren. Er wehrte den Ball aber nicht ab, sondern berührte ihn und lenkte ihn so ins eigene Tor. Genau besehen war es natürlich ein Eigentor von Pfaff, der an diesem Tag übrigens erstmals im Bayern-Tor stand. In die Fußball-Geschichte ging es aber ein als das »Einwurf-Tor« von Uwe Reinders. Werder gewann gegen die Bayern, und zwar 1:0.

Persönlich habe ich einmal in meiner aktiven Fußball-Zeit erlebt, dass unserem Torwart bei einem Abwurf der Ball aus der Hand rutschte und er ihn ins eigene Tor warf. Da dies ein Spiel in der Kreisklasse war und nicht in der Bundesliga, hat das Tor, das ebenfalls zählte, wenig öffentliche Beachtung gefunden. Aber es war ein regulär mit der Hand erzieltes Tor. Da wir dieses Spiel damals verloren, fanden wir das gar nicht so lustig. Heute reihe ich die Geschichte unter »kuriose Erlebnisse« ein und erinnere mich gern. So geht es dem Torwart heute wohl auch. Damals duschte er nach dem Spiel, packte seine Tasche und verschwand wortlos.

Zu den Kuriositäten gehört übrigens auch eine Sonderregelung auf den Faröer-Inseln, die allerdings – soweit ich weiß – nicht im Regelbuch der Fifa verankert ist, sondern lokalen Status hat. Weil dort häufig der Wind sehr stark weht und der Ball bei einer Spielunterbrechung nicht liegen bleibt, darf bei einem Elfmeter ein Mitspieler den Ball so lange mit der Hand festhalten, bis der Kollege schießt. Aber das nur nebenbei.

Handspiel – mit der »Hand Gottes«

Obwohl das Handspiel beim Fußball prinzipiell ausgeschlossen ist, ist doch immer wieder einmal eine Hand im Spiel. Oft sind solche Szenen allerdings hochumstritten. Besonders natürlich im Strafraum. Das Handspiel eines Spielers der verteidigenden Mannschaft im eigenen Strafraum bedeutet Elfmeter. Die Fans einer angreifenden Mannschaft reagieren deshalb auf ein vermutetes Handspiel im Strafraum mit dem erregten Aufschrei: »Hand!« Der Schiedsrichter darf sich davon allerdings nicht beeindrucken lassen. Er muss entscheiden, ob es wirklich ein absichtliches Handspiel war oder ob die Berührung mit dem Arm oder der Hand unter die Kategorie »angeschossen« fällt. Ehrlicherweise muss man sagen, dass dies wirklich manchmal gar nicht so leicht zu entscheiden ist. Dass es aber solche Situationen gibt, die die Gemüter erregen, weil sie umstritten sind, gehört für mich mit zum Reiz des Fußballs. Ich persönlich finde es auch gut, dass in solchen Fällen die Entscheidung aus der Situation heraus zählt, ob sie nun richtig oder falsch ist. Käme man etwa auf die Idee, bei Spielen, bei denen Kameras mitlaufen, in umstrittenen Szenen das Spiel zu unterbrechen, um sich die Aufzeichnung anzuschauen, würde das Spiel an Lebendigkeit verlieren. Manches ist umstritten und bleibt umstritten. Das ist im Fußball so wie im Leben.

Umstrittenes freilich ist auch immer in besonderer Weise offen für eine religiöse Deutung. Die Frage: »War es Handspiel?« kann dann auch einmal zur Frage werden »Wer hat die Hand im Spiel?.« Kein Geringerer als der große Diego Maradona hat uns das vor Augen geführt.

Es geschah am 22. Juni 1986 vor 115.000 Zuschauern im Azteken-Stadion in Mexiko Stadt. Im Viertelfinale der Fußball-WM spielte Argentinien gegen England. In der 51. Minute kam der Ball nach einer missglückten Abwehraktion des englischen Verteidigers Steve Hodge hoch vor das englische Tor. Der nur 1,65 große Diego Maradona sprang höher als der 20 Zentimeter größere englische Keeper Peter Shilton und erzielte das 1:0. Viele Menschen im Stadion und vor den Fernsehern hatten gesehen, dass Maradona den Ball blitzschnell mit seiner linken Hand ins Tor gelenkt hatte. Trotz der Proteste der englischen Spieler hat der tunesische Schiedsrichter das Tor anerkannt. Argentinien gewann das Spiel 2:1, besiegte später im Endspiel Deutschland und wurde Weltmeister. Als Maradona im Interview gefragt wurde, sagte er: »Es war ein bisschen die Hand Gottes und ein bisschen Maradonas Kopf.« Die »Hand Gottes« gilt seitdem in der Sprache der Fußballwelt als Synonym für »unerlaubtes Handspiel.«

Theologisch geht es dabei um folgendes Problem: Die »Hand Gottes« ist ein Bild für die göttliche Vorsehung, also ein Bild dafür, dass Gott die Welt nicht fallen lässt, sondern durch seine Güte erhält. Ob dazu auch gehört, dass Gott festlegt, wer welches Fußballspiel gewinnt und wer Fußball-Weltmeister wird, und sich dazu gegebenenfalls auch der regelwidrig geführten Hand Maradonas bedient, ist fraglich. Ich persönlich würde dies verneinen. Der englische Trainer Bobby Robson hat die Aussage Maradonas jedenfalls gründlich entmythologisiert. Er hat gesagt: »Es war die Hand eines Spitzbuben.« Maradona selbst hat 2005 zugegeben, dass es Handspiel war, und sich 2008 sogar entschuldigt. Die abschließende Stellungnahme Gottes erwarten wir im Himmel.

Eine Entscheidung fürs Leben

Zu den ersten Christengemeinden gehörten auch bürgerlich etablierte Menschen, Selbstständige, auf der Suche nach einem Lebenssinn; Banker, die nach einer anderen Moral im Umgang mit Besitz fragten; Familien, in denen eine Vision vom gleichberechtigten Leben aller Generationen aufgekeimt war. Sie alle ließen sich begeistern – etwa von dem ›Liebeskommunismus‹ der jungen Gemeinden, über den es in der Apostelgeschichte heißt: »Alle aber, die Vertrauen gefasst hatten, waren zusammen und teilten alles, was sie hatten. Sie verkauften ihren Besitz und ihr Vermögen und verteilten den Erlös an alle, je nachdem jemand Not litt« (Apg 2,44).

Zwei unerwünschte Geschenke

2004 hatte ich eine Erfahrung, bei der ich Gott tatsächlich persönlich kennengelernt habe. Damals habe ich als Trainer in Mainz gearbeitet. Jürgen Klopp war Cheftrainer. Vieles ist uns gelungen: Die Erste Mannschaft ist in die Bundesliga aufgestiegen und auch meine Mannschaft war sehr erfolgreich. Mit meinen Spielern bin ich viel herumgekommen. Trotz allem war ich irgendwie unglücklich. Ich wusste nicht, warum. Nach einem Spiel hat ein Mann uns allen ein Buch geschenkt. Die Begegnung hat vielleicht 60 Sekunden gedauert. Im Bus nehme ich das Buch und denke, es ist ein Fußballbuch, weil ein Fußball auf dem Umschlag war. Aber es war eine Bibel, das Neue Testament. »Was soll ich mit diesem Scheiß? Das brauche ich nicht«, sagte ich damals zu meinem Co-Trainer. Trotzdem habe ich das Buch in meine Tasche gesteckt. Als ich meine Tasche zu Hause geleert habe, wanderte es in die Schublade. Klar war, ich brauchte keine Bibel. Ein paar Wochen später kam ein Spieler und sagte: »Colin, gestern kam nach dem Spiel einer zu mir und hatte ein Geschenk für dich.« Ich fragte, wer, aber der Spieler wusste es nicht. Er gab mir das Geschenk: Es war das gleiche Buch. Titel: Mit vollem Einsatz, eine Sportlerbibel. »Mensch, jetzt habe ich das Buch schon zwei Mal. Ich brauche das nicht«, war meine spontane Reaktion.

In tiefer Sinnkrise

Dann begannen schwierige Zeiten in meinem Leben. Ich war sehr unglücklich, auch in der Ehe. Ich habe vieles getan, was mir nicht gutgetan hat. Und trotzdem war ich der Überzeugung: Das ist mein Leben, ich mache damit, was ich für richtig halte, mir kann niemand etwas vorschreiben. Aber dann geschah es, dass ich nachts plötzlich aufgewacht bin mit einer Frage im Kopf: Was ist, wenn du stirbst? Und ich hatte keine Antwort darauf. Das hat mich unglaublich beunruhigt. Und so ging es wochenlang weiter: Jede Nacht bin ich wach geworden mit der Frage: Was ist, wenn du stirbst? Sportlich lief es auch überhaupt nicht mehr.

Ich war in einer tiefen Sinnkrise. Das Einzige, was mich noch motiviert hat, war die Liebe zu meinem Sohn. Alles andere war auf einmal uninteressant, einfach so. Und nun war ich, der immer das Gefühl und auch die Einstellung hatte, mein Leben im Griff zu haben, der sich selbst und anderen gesagt hatte: »Wenn du unten bist, dann musst du kämpfen und wieder nach oben kommen«, in einer Phase, in der ich dachte: Aus dieser Nummer kommst du nicht wieder heraus. Eines Tages, nach einem erneut verlorenen Spiel, hatte ich wieder schlecht geschlafen und nur darüber nachgedacht: »Was ist, wenn du stirbst?« Ich habe den Fernseher eingeschaltet und bin auf einen Prediger aus den USA gestoßen, der in meiner Muttersprache, Englisch, über Jesus sprach, in einer Art und Weise, wie ich es noch nie zuvor in meinem Leben gehört hatte. Das hat mir total imponiert. Eigentlich wollte ich das gar nicht sehen, aber ich konnte nicht weiterzappen. Auf der Homepage-Adresse dieses Predigers las ich, dass er Alkoholiker gewesen war und von Drogen abhängig und dass er durch einen 12-jährigen Jungen zum Glauben an Jesus gefunden hatte. Nun war es aber keineswegs so, dass ich gedacht hätte:

»Ah, das ist es.« Ich dachte nur: »Okay, er hat etwas für sich gefunden, aber ich brauche das nicht.«

Ein unglaubliches Zeichen

Dann hatte ich Kontakt mit einem Trainerkollegen, einem Amerikaner, der damals auch in der 3. Liga gearbeitet hat. Ich wusste, dass er gläubig ist, irgendwie Christ. Aber ich wusste nicht, was »Christ« bedeutet. Wir haben uns eher zufällig in irgendwelchen Stadien getroffen. Und ich weiß noch, dass er mich aufgeregt hat, weil er immer so ausgeglichen wirkte. Und das war, nach meinem Dafürhalten, in diesem Job nicht möglich. Bei Gelegenheit hat Brent gefragt: »Was ist mit euch passiert?« Ich erzählte ihm vom Stress im Verein und der Erfolglosigkeit. Wir fingen an, uns per SMS auszutauschen. Als er dann schrieb, er würde an mich denken, war mir das suspekt. Später schrieb er nicht nur, dass er an mich denke, sondern auch für mich bete. Und das war mir noch viel suspekter. Doch zugleich ging es mir im Leben, als ob ich Sand in den Händen hätte – alles lief durch. Und dann verlieren wir wieder ein Spiel. Die Fans sangen nach dem Spiel Lieder über mich, die unter die Gürtellinie gingen. Das war eine öffentliche Demütigung. Damit war ich endgültig am Tiefpunkt. Das folgende Spiel ging in München gegen die Bayern. In der U23 standen zu der Zeit Schweinsteiger, Rensing im Tor, Guerrero, Trochowski, also richtig namhafte junge Spieler. Es war klar, dass wir verlieren. Und das mir, der ich mich ausschließlich durch Erfolg definierte. Da ruft mich Trainerkollege Brent an. Wir reden ein bisschen über Fußball. Und dann sagt er mir am Telefon: »Gott spricht zu dir die ganze Zeit schon, aber du willst nicht hören.« Ich habe ihn gefragt: »Was willst du denn eigentlich von mir? Was erzählst du da?«, und gedacht, dass er ein Spinner ist. Brent sprach unbeirrt weiter: »Gott spricht zu dir und gibt dir heute ein Zeichen: Ihr verliert nicht.« Das fand ich unglaublich und ich habe gedacht, dass mein Kollege ein Problem hat. Und dann spie-

COLIN BELL ist seit Juni 2013 Cheftrainer des 1. FFC Frankfurt, dem vielfachen Deutschen Meister, Pokalsieger und UEFA-Cup-Sieger in der Frauen-Bundesliga. Als Spieler führte sein Weg vom heimatlichen Klub Leicester City über zahlreiche Stationen bis zum FSV Mainz 05, für den er in der Zweiten Liga spielte. Seine Trainerlaufbahn begann bei TuS Koblenz. Als Co-Trainer arbeitete er beim 1. FC Köln und, unter Jürgen Klopp, beim FSV Mainz 05. Nach einer zweiten Station bei TuS Koblenz wurde Colin Bell ab 2011 Trainer des Frauen-Bundesligisten SC 07 Bad Neuenahr. Nach dessen Insolvenz und Rückzug in die 2. Bundesliga der Frauen wechselte Colin Bell nach Frankfurt a.M.

len wir tatsächlich 0:0. Wir hatten also nicht verloren. Im Gegenteil: Wir haben ein super Spiel gemacht. Und mir ging nur durch den Kopf, dass Brent gesagt hatte, Gott würde zu mir sprechen und mir ein Zeichen geben. Wir würden nicht verlieren.
Ein paar Tage später habe ich mich mit Brent in einer Kneipe getroffen. Wir kommen also herein, setzen uns hin, und auf einmal holt er eine Bibel heraus, mitten in dieser Kneipe. Alle haben uns angeschaut. Und ich dachte: »Oh, nein.« Ich habe mich geschämt. Und da sagt er auf einmal: »Colin, ich weiß genau, was du jetzt denkst. Aber ich wäre bereit, mich jetzt hier auf den Tisch zu stellen und allen über Jesus zu erzählen, was er für uns getan und was er in meinem Leben bewirkt hat.« Er hat das mit einer Überzeugung vertreten, die umwerfend war. Und mir wurde

klar, dass er wirklich glaubt, was er sagt. Die nächsten dreieinhalb Stunden habe ich mein ganzes Leben vor ihm ausgebreitet. Ich habe ihm alles erzählt. Und jedes Mal hat er dieses Buch aufgeschlagen. »Lies das«, hat er gesagt. Oder er hat vorgelesen. Mir kamen mehrmals die Tränen, aber ich konnte nicht weinen, weil ich mich dafür geschämt hätte. Erstaunlich war für mich, dass die Bibel so viele Antworten kennt, so viel Trost spendet und auch einen Ausblick gibt. An diesem Abend habe ich auch eine Antwort auf meine Frage bekommen: »Was ist, wenn du stirbst?« Und auch das war für mich eine krasse Erfahrung. Denn bis dahin wusste ich nicht, warum Jesus kommen musste. Ich wusste nicht, ob es etwas gibt nach dem Tod, und dass Hoffnung besteht, dass wir nicht nur für 70, 80, 90 Jahre hier sind, sondern dass es weitergeht.

Bekehrung im Traum

In dieser Nacht, nach dem Gespräch, hatte ich einen Traum, in dem ich jede Facette meines Lebens gesehen habe. Und unentwegt war da eine ganz tiefe, böse Stimme. Ich bin hinausgerannt. Und dann stand da Brent, in meinem Traum, und fragte, wie ich mich fühle. Ich sagte: »Schrecklich« und fing an zu weinen. Und da habe ich zum ersten Mal in meinem Leben gebetet. Ich habe gesagt: »Wenn das wahr ist, vergib mir. Vergib alle meine Sünden. Und wenn es dich wirklich gibt, Jesus, will ich dich heute erfahren. Nicht morgen, nicht übermorgen. Ich will es wissen. Stimmt das?« In diesem Traum habe ich alles durchlebt, alles gesehen – und dann kam die Frage, die mein Leben total verändert hat. Sie lautete: »Willst du mit uns? Ja oder Nein?« Und ich wusste, dass diese Frage von Gott kommt. Ich wusste es. Und ich habe Ja gesagt in diesem Traum. Und der Himmel ging auf. Es war, als würden tausend Scheinwerfer eingeschaltet oder die Flutlichtmasten in allen Stadien in Deutschland gleichzeitig. Und ich schaute in dieses Licht hinein und wurde wach. Zum ersten Mal in meinem Leben verspürte ich eine tiefe innere Ruhe, eine Zufriedenheit. Das war Wahnsinn. Ich wusste: Er lebt. Ich habe nochmal zu schlafen versucht, aber es ging nicht. Ich bin zum Training gefahren, eher geschwebt, auf Wolke sieben. Und seither sind so viele Dinge passiert. Aber seither ist auch der Glaube tief und fest in meinem Herzen, dass ich von Jesus den Auftrag habe, hinauszugehen, um den Menschen von ihm zu erzählen. Seit diesem Tag bin ich verändert.

Vom Spieler zum Trainer – von der Führung Gottes

Mir war immer klar: »Ich möchte irgendwann Trainer sein.« Schon als 12-Jähriger habe ich in Leicester Verantwortung als Trainer übernommen. Und dann, als ich in Mainz die aktive Laufbahn beendet habe und die Anfrage von TuS Koblenz kam, war klar, das mache ich. Dass ich im Frauenfußball tätig sein werde, habe ich nie gedacht. Zunächst hatte ich 2006–2011 fünf tolle Jahre bei TuS Koblenz. Ich hatte auch nicht vor, den Verein zu verlassen. Aber es gab große Schwierigkeiten finanzieller Art, was Abspecken zur Folge hatte. In dieser Phase der Ungewissheit kam das Angebot aus Bad Neuenahr vom Frauenbundesliga-Verein. Wir sind dort ganz schlecht gestartet. Nach einigen Spieltagen dachte ich, das bringt nichts, ich muss wieder aufhören, ich passe nicht in den Frauenfußball. Wahrscheinlich bin ich zu laut, zu aggressiv, denn ich bin schon sehr emotional, was den Fußball angeht. Ich möchte, dass diese Emotion rüberkommt, dass diese Spielfreude von der Mannschaft ausgestrahlt wird, gerade auch für die Zuschauer. Es ist doch ein Privileg, wenn man auflaufen kann. Dieses Gefühl hatte ich an dieser Stelle zunächst einmal nicht. Ich habe es auf mich bezogen, dass ich sie nicht erreicht habe. Und darum war ich überzeugt, es sei besser, aufzuhören. Dann haben wir in Frankfurt gespielt und unglücklich 2:0 verloren, obwohl wir ein sehr gutes Spiel gemacht haben. Über eine Schiedsrichterfehlentscheidung, die zum Elfmeter geführt hat, habe ich mich so aufgeregt, dass ich auf der Tribüne gelandet bin. Danach aber wurde mir mein Glauben wieder bewusst: Gott sagt mir ganz klar und deutlich: »Du hast mich mitgenommen nach Bad Neuenahr. Aber du lässt dich nicht mehr von mir führen.« Und das war wirklich so. Ich hatte so viele Stunden investiert und war müde, zu müde, um in der Bibel zu lesen, und ich habe nicht gebetet. Aber ich wollte unbedingt erfolgreich sein. Und dann kam diese Erkenntnis: Du bist Tabellenletzter! Und das nächste Spiel war wieder gegen Bayern München. Insgeheim habe ich mir gewünscht, dass Gott uns einen Sieg schenkt, weil er weiß, was wir brauchen. Ich habe wirklich so mit Gott geredet und verhandelt, weil wir eine persönliche Beziehung zueinander haben. Ich habe Gott dann aber auch gesagt: »Wenn Bad Neuenahr nicht dein Wille ist, dann nimm es mir weg. Ich möchte dir folgen. Dahin, wo du mich hinführst.« Und dann haben wir 1:0 verloren. Damit war für mich klar, Gott will nicht. Du musst gehen, aufgeben, aufhören. Und ich hatte vor, das Ende meines Engagements zu verkünden. Wir waren nach dem Duschen auf dem Weg zum Essen, als ein älterer Herr auf mich zukam. Ich dachte: »Oh, jetzt musst du wieder Rechenschaft ablegen, warum wir wieder verloren haben und ohne Sieg Tabellenletzter sind.« Er sagte: »Schade, diese unglückliche Niederlage.« Ich sagte: »Ja, ja. Ich muss jetzt aber weiter.« Da sagte dieser Mann auf einmal: »Colin, du weißt nicht, wer ich bin?« Und ich dachte wirklich, es wäre ein Verwandter einer meiner Spielerinnen. Darum sagte ich: »Nein, tut mir leid.« »Ich bin der Mann, der dir damals in Pfullendorf die Bibel geschenkt hat. Und Gott hat mir gesagt, ich soll nach Bad Neuenahr fahren, um dir zu sagen, du sollst hierbleiben.« Er kam aus der Schweiz und Gott hat ihm so sehr ins Herz gesprochen, dass er sich auf den Weg gemacht hat. Es war ein viel schönerer Moment, als ihn ein Sieg mir hätte bringen können. Und wieder wurde mir klar: Er lebt. Er ist da. Er hat Interesse an deinem Leben. Und dann bin ich geblieben. Und ich glaube felsenfest daran: Weil ich dortgeblieben bin, bin ich jetzt in Frankfurt. Wenn ich dort nach 6 Spieltagen weggegangen wäre, dann wäre ich niemals in Frankfurt im Frauenfußball gelandet.

Der Heilige Geist ist keine Schwalbe

Im Englischen heißt die Schwalbe im Fußball »diver.« Das war der Spitzname von Jürgen Klinsmann in England, als er bei Tottenham gespielt hat. Der »diver«, weil er immer so abgehoben ist. Das Problem mit der Schwalbe ist ja, dass man etwas vorspielt, dass man etwas zu erreichen versucht, was durch die Situation nicht berechtigt ist, weil es kein Foul war. Man täuscht etwas vor. Der Heilige Geist ist keine Täuschung. Der Heilige Geist ist eine Kraft, die immer da ist, die Trost spendet, die beflügelt, und insofern etwas Reelles. Der Heilige Geist ist aufrichtig und ehrlich. Ich bin erfüllt von diesem Geist, von Gott. Mein Leben vorher war nur Fußball und ein bisschen Drumherum, aber nicht viel. Die Weltgeschichte hat mich gar nicht interessiert. Und jetzt ist es ganz anders. Ich will sagen, dass ich jetzt lebe, dass ich ein anderes Herz geschenkt bekommen habe. Ein Herz voller Liebe. Und das versuche ich auch weiterzugeben. Natürlich gibt es Momente, in denen es mir nicht gut geht, in denen ich nicht glücklich bin, in denen ich auch vieles wieder hinterfrage – auch nach persönlichen Niederlagen oder in Trauer. Mein Vater ist letztes Jahr gestorben. Das war ein tiefer Einschnitt in mein Leben. Aber: Jesus ist bei mir. Er gibt mir Halt und Hoffnung. Und ich weiß, dass es etwas gibt, was uns zu dieser Hoffnung auch berechtigt, den Alltag letztendlich auch zu meistern. Ohne Jesus in meinem Leben wäre mein Leben nicht lebenswert. Das weiß ich jetzt.

Wichtiger als Fußball ist Gott

Mein Vater ist mit 86 Jahren zum Glauben gekommen. Ein Jahr später ist er gestorben. Aber der Tag, an dem er zum Glauben kam, war ein wunderbarer Moment. Wir haben ein Gebet gesprochen, gemeinsam, bei uns in England. Und mein Vater konnte danach nicht aufhören zu weinen, weil er befreit worden war. Und deswegen: Solange das ›Spiel‹ läuft, egal, wie die Minuten zuvor waren: Du hast die Möglichkeit, dein Leben zu ändern, zurückzukommen, ohne unter Schuldgefühlen zu leiden, was alles nicht so gewesen ist, wie es hätte sein können. Diese Möglichkeit macht den Unterschied zwischen Spiel und Leben. Wenn ich 86 Minuten gespielt habe und habe so viele Fehlentscheidungen getroffen, dass ich 5:0 zurückliege, dann wird es schwierig, in den letzten vier Minuten noch ein paar Tore zu schießen. Ausgeschlossen ist es nicht, aber unwahrscheinlich. Bei Gott aber spielt die Summe deiner Fehlentscheidungen keine Rolle. Er gibt dir die Möglichkeit, zurückzukehren. Auch wenn das in der letzten Minute ist. Aber irgendwann kommt der Abpfiff. Und dann steht das Ergebnis.

Nachspiel

Demütig bleiben

»Du bist ein Kind Gottes. Dich klein zu machen, dient der Welt nicht. Du wurdest geboren, um die Ehre Gottes zu verwirklichen, die in uns ist. Sie ist nicht nur in einigen von uns, sie ist in jedem Menschen. Und wenn wir unser eigenes Licht scheinen lassen, geben wir anderen Menschen unbewusst die Erlaubnis, dasselbe zu tun.« In seiner Antrittsrede als erster schwarzer Präsident Südafrikas zitierte Nelson Mandela 1994 diese Sätze aus dem Buch von Marianne Williamson »A return to love«, New York 1992. Er unterstrich damit die Würde und Begabung jedes Menschen.

Immer im Job

Vier Jahrzehnte Fußball prägen sein Leben, das er mit den Worten zwischenbilanziert: »Ich würde jetzt lügen, wenn ich sagte, dass der Fußball nicht im Mittelpunkt steht. Das war schon als Jugendlicher so, das war als Spieler so und dann auch in meinen diversen Funktionen, ob jetzt als Sportdirektor oder zuvor als Trainer. Durch die Medienberichterstattung und das Interesse der Menschen am Fußball ist es ja auch nicht wie ein normaler Job, bei dem du morgens um 8 Uhr ins Büro und um 5 Uhr nach Hause gehst und alles hinter dir lässt. Du bist immer im Job. Wenn du im Fußballgeschäft bist, gerade auch durch die modernen Medien, bist du von morgens bis abends mit der Materie beschäftigt.« Natürlich hat er auch andere Interessen. Er erzählt, dass er hin und wieder ein Buch liest oder mit seinen Jungs ins Kino geht. Aber weil sich im Fußball sein Beruf mit seinem Hobby verbindet, sagt er: »Fußball beherrscht meinen Alltag, auch außerhalb des Büros. Daran hat man sich gewöhnt. Manchmal ist es schwer abzuschalten, obwohl man es gerne machen würde. Aber damit muss man leben.«

Dass dieses Leben stressig sein kann, besonders dann, wenn es nicht gut läuft, verschweigt Rudi Völler nicht. Aber er versteht

Stress als ganz normalen Preis für eine Arbeit, in der ja auch das Potenzial für Hochgefühle steckt: »Wenn du unangenehme oder unpopuläre Dinge zu entscheiden hast oder wenn du nicht so oft gewinnst, ist es schwierig, aber das gehört zum Beruf und eigentlich auch zum Fußball. Das muss man einfach auch wissen, dass es Verlierer geben wird, dass du nicht immer gewinnen kannst. Insofern musst du zusehen, die Voraussetzungen zu schaffen, dass die Glücksmomente häufiger vorkommen als unglückliche Zeiten. Mit Bayer Leverkusen haben wir natürlich Möglichkeiten, öfter zu gewinnen, nicht wie Bayern München oder Borussia Dortmund, aber wenn du in Braunschweig arbeitest, wirst du öfter verlieren.« Darum stellt sich für Rudi Völler auch nicht die Frage, wie man mit dem Dauerstress in seinem Beruf klarkommen kann. Vielmehr sagt er: »Schließlich kann man es sich ja aussuchen. All denen, die herumjammern, die sagen ›Was ist das für ein Stress. Was ist das für ein Druck!‹, rate ich immer: Mach einfach etwas anderes! Das aber tun sie dann doch nicht, weil sie ihren Job letztlich gerne machen.«

Talent als Geschenk Gottes – Durchsetzungsfähigkeit durch gesunden Ehrgeiz

Die Wikipedia-Meldung, dass »Völler von Anfang an nur Sturm spielen wollte«, hält er für Blödsinn. »Wenn ich die Qualitäten nicht gehabt hätte, Stürmer zu sein, wäre ich nach hinten gegangen. So einfach ist das.« Aber natürlich wollte er, wie jedes Kind, das zu kicken beginnt, vor allem das umsetzen, was den Fußball ausmacht, nämlich Tore erzielen. Durch seinen Vater, der selbst spielte und lange Jahre Jugendleiter beim TSV 1860 Hanau war, bekam Rudi Völler den Bezug zum Fußball. Auch sein 13 Jahre älterer Bruder spielte. Und auch er mit Talent, wie Rudi Völler sagt, aber nicht mit dem gleichen Ehrgeiz und Willen. »Er war schon ein guter Fußballer, hat aber nach dem Training oder nach dem Spiel gerne seinen Schoppen getrunken, nicht immer gut trainiert, hat alles nur mit reduziertem Ehrgeiz betrieben – dann geht es eben nicht weiter.«

Talent zu haben, bezeichnet Rudi Völler mit tiefer Überzeugung als ein Geschenk Gottes, aus dem man eigentlich etwas machen muss. »Wenn ich sehe, dass jemand dabei ist, sein Talent zu verschwenden, sage ich gerne direkt zu dem Spieler: ›Der liebe Gott hat dir ein gewisses Talent in die Wiege gelegt‹, denn viele Dinge hat man sich nicht erarbeitet, die hat man einfach bekommen. Daraus muss man aber auch etwas machen. Wenn du zu wenig tust, wirst du nicht nach ganz oben kommen. Das hat jeder selbst in der Hand, ob er den nächsten Schritt macht. Dafür muss man Opfer bringen, viel trainieren, immer dranbleiben, auch wenn es Enttäuschungen gibt. Natürlich muss man von Verletzungen verschont bleiben. Insofern braucht man auch Glück. Aber ab einem gewissen Niveau hat man ein paar Dinge über das Talent hinaus selbst in der Hand. Und die nötige Durchsetzungsfähigkeit lernt man durch einen gesunden Ehrgeiz.«

Im Glauben dazwischen

Dass er in einfachen Verhältnissen aufgewachsen ist, nennt Rudi Völler typisch für seine Generation in der Nachkriegszeit. »Wer hat zu Hause denn schon etwas gehabt? Das waren höchstens die Ausnahmen. Alle, die ich kenne, mit denen ich groß geworden bin, kamen aus einfachen Verhältnissen. Das war normal und stellte kein Problem dar.« Seine Mutter prägte ihn stark: »Sie war immer da. Sie gab mir die Liebe, die ein Kind braucht. Ich hatte eine tolle Kindheit.« Auch religiös nahm Ilse Völler ihren Sohn an die Hand. In Hanau hatte sie sich der evangelisch-freikirchlichen Gemeinde der »Kirche des Nazareners« angeschlossen. Diese war 1895 in den USA aus der Methodistenkirche hervorgegangen und fasste seit 1960 auch in Deutschland Fuß. »Zunächst ging sie alleine dorthin. Später ging ich, mit anderen Kindern in die ›Sonntagsschule‹, wie der Kindergottesdienst dort heißt. Ich habe es genossen, einmal in der Woche dort zu sein. Einerseits wegen der Religion, als Kind lässt man zunächst ja alles auf sich einwirken, andererseits gab es einmal im Jahr Gemeindefreizeiten. Dort konntest du, zusammen mit anderen Jugendlichen, für

RUDI VÖLLER ist eine lebende Legende. Seit er 1977 als Spieler sein Debüt in der 2. Bundesliga bei den Profis von Kickers Offenbach gab, steht der heutige Sportdirektor des Bundesligisten Bayer 04 Leverkusen im Rampenlicht und ganz oben in der Beliebtheitsskala der Fangemeinden im ganzen Land. Im Grunde führt er heute sein drittes Leben im Profifußball.
Im ersten Leben war er ein brandgefährlicher Mittelstürmer. 90 A-Länderspiele mit 47 Toren und die Krönung durch den Weltmeistertitel 1990 sprechen ihre eigene Sprache. Auf Vereinsebene führte sein Weg von Offenbach über 1860 München zu Werder Bremen, dem AS Rom, Olympique Marseille bis zu Bayer Leverkusen. Mit Rom gewann er 1991 den italienischen Pokal. Mit Marseille wurde er als erster deutscher Fußballer überhaupt Champions League-Gewinner 1993.
Sein zweites Leben von 2000–2004 war das des Bundestrainers. Unter seiner Leitung wurde die Deutsche Nationalelf 2002 Vize-Weltmeister. Die Anerkennung der Fans und der Dank für seine Leistung fand bundesweit ihren Ausdruck in der Umdichtung des Liedes »Guantanamera« von Hector Angulo in: »Ein' Rudi Völler, es gibt nur ein' Rudi Völler.« Und wo immer sein Name fällt, stimmt bis heute irgendjemand dieses Lied an.

ganz kleines Geld eine Woche Urlaub an einem schönen Ort machen. Das war wichtig für uns, denn wir hatten alle nicht viel. Darum habe ich das in sehr guter Erinnerung behalten. Später hat das aus fußballtechnischen Gründen nicht mehr geklappt, weil wir sonntagmorgens kicken mussten. Aber zu dem ein oder anderen Pfarrer habe ich bis heute Kontakt. Allerdings bin ich dann nicht mehr in die Kirche gegangen.«
Der Glaube selbst aber spielt auch heute eine Rolle in seinem Leben. »Ich bin kein regelmäßiger Kirchgänger. Das ändert aber nichts an der Tatsache, dass ich gewisse religiöse Aussagen sehr bewusst treffe. Wenn ich sage, dass der liebe Gott einem Talent in die Wiege gelegt hat, hört sich das vielleicht wie eine Phrase an, aber ich meine das ehrlich und ernsthaft. Denn zu dem, was man geschenkt bekommen hat, hat man selbst ja nichts beigetragen. Das hast du mitbekommen, aus deinen Genen, durch übergeordnete Kräfte. Dafür nutze ich den Begriff vom ›lieben Gott‹, weil ich in gewisser Weise religiös bin. Und selbst wenn ich kein Kirchgänger bin, gibt es Dinge, die ich verinnerlicht habe. Allerdings bin ich auch niemand, der seinen Glauben an die große Glocke hängt. Aber ich glaube an Gott und lebe diesen Glauben, allerdings auch in einer gewissen Mischung. Meine Frau hat einen starken Hang zum Buddhismus. Und ich fühle mich immer ein bisschen dazwischen. Klar kannst du auch drei Mal in der Woche in die Kirche gehen, aber wichtig ist doch letztlich, dass du ein anständiger Kerl bist. Das sage ich auch meinen Jungs: ›Ob du anständig bist, das sieht der da oben schon und das ist in der Abrechnung am Ende des Tages das eigentlich Wichtige‹.«

Gutes tun, ohne es an die große Glocke zu hängen

Zu den Werten, die Rudi Völler vertritt, gehört eindeutig, Gutes zu tun, jeweils im Rahmen der zeitlichen Möglichkeiten. Allerdings redet er nur zögerlich darüber. Er streift Benefiz-Aktionen nur kurz und Veranstaltungen, bei denen es ihm wichtig ist, prä-

sent zu sein. »Natürlich kann man nicht alles machen. Ich habe auch kein Problem damit, bisweilen Nein zu sagen. Umgekehrt lasse ich mich bei wichtigen Anlässen auch wieder vor den Karren spannen und helfe, ob finanziell oder durch meine Anwesenheit.« So engagiert er sich »schon ewig« in der Egidius-Braun-Stiftung beim DFB, zu deren Kuratorium er gehört. »Zu der Stiftung habe ich Bezug, weil ich damals in Mexiko selbst die Kinderheime gesehen habe.« Die Stiftung unterstützt rund 50 Projekte in Osteuropa und Mexiko und neuerdings, angesichts der verheerenden Zerstörungen und vielen Taifun-Opfer auch Projekte für Kinder auf den Philippinen. Die Unterhaltung von Waisenhäusern und Mutter-Kind-Heimen, aber auch Projekte, um das Leben von Straßenkindern zu erleichtern, ist Teil des Engagements der Stiftung. Unter dem Motto »Fußball ist mehr als 1:0« hat der frühere DFB-Präsident die Aktion »Kinder in Not« seinerzeit ins Leben gerufen.
In seinen sozialen Engagements geht Rudi Völler lieber einen diskreten Weg. »Ich bin keiner, der sagt: Tue Gutes und erzähle viel davon. Man kann Gutes tun, ohne es an die große Glocke zu hängen. Das ist mein Motto. Manchmal kann man zwar nicht vermeiden, dass ein Engagement herauskommt. Aber ich kann mich auch im Stillen freuen, wenn ich etwas Gutes getan habe.«

Im Rückblick auf die Zeit als Spieler

Fragt man Rudi Völler, an welche Stationen seiner Karriere als Spieler er sich gerne erinnert und was er am liebsten vergessen würde, fällt die Antwort kurz aus: »Ich erinnere mich an alle Stationen meines Lebensweges sehr gerne. Egal wo ich als aktiver Spieler war, es gibt nichts, was ich anders machen oder vermissen würde. Oder eines vielleicht doch: Ich wäre gerne mal zu Eintracht Frankfurt gewechselt, obwohl ich Offenbacher war. Zwei Mal stand ich kurz davor: Als ich bei 1860 München war und dann doch zu Werder Bremen ging; und später noch einmal, als ich in Marseille spielte. Da hatte ich Kontakt zu Bernd Hölzenbein, der seinerzeit Manager dort war. Und um ein Haar wäre ich zur Eintracht gewechselt statt nach Leverkusen. Aber das hat aus irgendwelchen Gründen nicht geklappt. Vielleicht war es am Ende auch besser so. Aber das waren schon meine Gedanken, weil das Rhein-Main-Gebiet ja meine Heimat ist. Und obwohl der OFC mir näherlag, wollte ich natürlich Bundesliga spielen. Darum wäre nur die Eintracht in Frage gekommen. Und im Blick auf das Vergessen-Wollen könnte ich ein paar Dinge aufzählen, besonders was Verletzungen angeht. Aber die gehören wiederum zum Job dazu. Jetzt zu sagen, die hätte ich gerne nicht gehabt, wäre Blödsinn. Das ist Teil des Profifußballs. Wer eine solche Sportart treibt, wird sich immer mit Verletzungen herumärgern müssen. Ich habe das jeweils akzeptiert. Allerdings ist der Weg, zurückzukommen, mühsam – und nervt.«

Im Blick auf die Nationalmannschaft

Dass sein Herz auch weiter leidenschaftlich für die Deutsche Nationalmannschaft schlägt, wird deutlich, wenn man den ehemaligen Bundestrainer nach deren Perspektiven für die Weltmeisterschaft in Brasilien 2014 und darüber hinaus fragt. »Man muss kein großer Experte sein, um zu sagen, dass unsere Nationalmannschaft die Qualität hat, Weltmeister zu werden. Das war im Grunde bereits vor vier Jahren so. Allerdings gab es lange das Problem, mit Spanien permanent eine Übermannschaft gegen sich zu haben. Aber langsam bekommt man das Gefühl, dass das nachlässt. Manchmal wird man eben satt, wenn man zu viel gewinnt. Die spanische Mannschaft ist immer noch gut. Aber wenn du permanent gewinnst, machst du eben auch ein bisschen weniger und hast nicht mehr diese Gier, gewinnen zu wollen. Die ist bei uns aber da. Und es ist klar, dass wir eine Supermannschaft haben. Und auch der Wille ist da. Deshalb hat sie eine große Chance, Weltmeister zu werden. Aber am Ende des Tages gibt es

bei jedem Turnier Kleinigkeiten, die darüber entscheiden, ob du einen Titel gewinnst oder nicht.«
Die aktuelle Erfolgsgeschichte der Nationalmannschaft verknüpft Rudi Völler ganz eng mit der guten Jugendarbeit und Talentförderung der Bundesligavereine. »Wir bilden in den Leistungszentren mittlerweile viel besser aus, als noch in den 80er- und 90er-Jahren.« Dieses Lob verstärkt er durch einen Rückblick in die einstige Talsohle: »Das Problem im deutschen Fußball fing schon unter Berti Vogts an. Wir waren 1990 Weltmeister. 1994 hatten wir immer noch eine gute Mannschaft, fast besser als 1990, aber wir sind im Viertelfinale ausgeschieden. 1996 sind unsere Jungs in England Europameister geworden und danach fing es an, weniger zu werden. Es kamen keine jungen Talente hinterher. 2000 war eine schlechte Europameisterschaft unter Erich Ribbeck. Da war die Mannschaft auch nicht gut, junge Leute waren nicht nachgekommen. Dann habe ich übernommen. 2002 sind wir Vizeweltmeister geworden, immer noch mit einem Kader, der nur begrenzte Möglichkeiten hatte. Wir waren nicht die zweitbeste Mannschaft der Welt. Dieser Erfolg war lediglich das Ergebnis der Eigendynamik in einem solchen Turnier. 2004 sind wir in der Vorrunde ausgeschieden und ich bin zurückgetreten. Aber schon in diesem Jahr konnte man das Gefühl bekommen, es kommen die ersten guten Spieler hinterher. Lukas Podolski, Philipp Lahm, Bastian Schweinsteiger haben noch unter meiner Leitung ihre ersten Länderspiele gemacht. Obwohl es damals bei der EM schiefgelaufen ist, waren schon die ersten Talente aufgekommen. Nach 2004 blühte das Ganze auf. Leute wie Mertesacker kamen dazu. 2006 unter Jürgen Klinsmann lief es schon ganz gut, aber in vielen Dingen nicht optimal. Seit 2008 kamen junge Spieler hinterher wie Mario Götze, Marco Reus, Andre Schürrle und wie die ganzen Raketen heißen, die jetzt alle dabei sind. Wir haben einen Fundus an jungen Spielern, wie wir ihn noch nie in Deutschland hatten. Du hast inzwischen das Ge-

fühl, wenn bei uns acht Spieler ausfallen, werden acht andere nominiert und die Nationalmannschaft spielt trotzdem gut. Einen so guten Kader hatten wir noch nie.«

Integration als Erfolgsrezept mit Zukunft

Auf den demografischen Wandel angesprochen, der auch dazu führt, dass die Vereine immer weniger Jugendliche erreichen können, sagt Rudi Völler: »Da muss man tatsächlich aufpassen. Aber ich bin ganz hoffnungsvoll, denn Fußball ist die Sportart, die letztlich alle interessiert, gerade auch die Jugendlichen. Die wollen ja alle ein bisschen kicken. Wir haben natürlich auch davon profitiert, dass wir viele Kinder mit ausländischen Wurzeln und Migrationshintergrund integrieren konnten. Dafür gibt es viele Beispiele bis in die Nationalmannschaft. Wenn du bei der Hymne hinschaust, wirst du sehen, dass die Hälfte nicht mehr mitsingt. Denn viele Spieler sind innerlich hin- und hergerissen. Sie haben Wurzeln hier und in einem anderen Land. Und das ist manchmal ein Kampf in den Spielern, für welches Land sie sich entscheiden. Soweit ich weiß, haben sich einige von ihnen lange überlegt, für welches Land sie auflaufen. Denn jeder hat seine eigenen Familienbande, verbunden mit der Diskussion, wohin er sich orientiert. Da sie alle in Deutschland aufgewachsen sind, ist es natürlich auch legitim, dass sie für unser Land antreten.

Zum Geheimnis seiner großen Beliebtheit

Rudi Völler nach dem Geheimnis seiner großen Beliebtheit zu fragen, ruft bei ihm Schulterzucken hervor. Immer wieder werde er danach gefragt. Immer wieder nehme er Anlauf, die Frage zu beantworten, um dann festzustellen, dass es zu schwer ist, über sich selbst Mutmaßungen anzustellen. Dass es mit seiner Vita zu tun hat, dem Nationalspieler, der Weltmeister wurde, dem Bundestrainer, der den Titel des Vize-Weltmeisters errang, ist wahrscheinlich. Vielleicht aber hat es auch mit der Authentizität zu tun, mit der Rudi Völler seine Meinungen vertritt, »vielleicht damit, dass ich gerade nicht immer Dinge tue, die von der Mehrheit der Bevölkerung von mir erwartet werden.«

Als aktuelles Beispiel nennt er die Auseinandersetzung um das »Phantomtor« vom 18. Oktober 2013. Im Bundesligaspiel von Bayer 04 Leverkusen bei 1899 Hoffenheim war ein Kopfball von Stefan Kießling, der am Tor vorbeiging, doch im Netz gelandet. Der Ball hatte diesen Weg durch ein Loch im Netz gefunden. Nach einem Moment des verunsicherten Innehaltens war der Treffer vom Schiedsrichter anerkannt worden, auch wegen ausbleibender Proteste von Hoffenheimer Seite. Leverkusen war so 2:0 in Führung gegangen. Erst nach den Fernsehbildern setzte ein Proteststurm ein, über den Rudi Völler sagt: »Klar, es gab Umfragen und viele wollten ein Wiederholungsspiel. Ich bin da ganz anderer Meinung, egal, was die Leute von mir denken. Selbst als die Hoffenheimer und andere »Fair Play« herumschrien und auch das deutsche Boulevardblatt in dieses Horn stieß, sagte ich: ›Ihr könnt Ted-Umfragen machen, wie ihr wollt, das interessiert mich kein bisschen, weil ein Wiederholungsspiel nicht gerecht ist‹. Kein Mensch kann mir erzählen, dass das etwas mit Fair Play zu tun hat, wenn wir in der 70. Minute das 2:0 machen, das natürlich kein Tor war, und jetzt wieder vom Anfang spielen sollen, also beim Stand von 0:0. Ein Wiederholungsspiel hat für mich nichts mit Fair Play zu tun. Wenn in der Situation aber ein neues Spiel angesetzt worden wäre, hätten die Hoffenheimer, die das Spiel gegen uns ohnehin verloren hätten, sogar noch einen Vorteil gehabt. Dass man uns aus Imagegründen ein Wiederholungsspiel abverlangen wollte, kam nicht infrage. Fair Play ist etwas anderes. Fair Play wäre es gewesen, die letzten 20 Minuten beim Stande von 1:0 für uns noch einmal zu spielen. Das habe ich vorgeschlagen. Und diese Freiheit nehme ich mir auch heraus, nicht zu sagen, was vielleicht 80 Prozent der Deutschen denken, sondern dass ich das anders sehe.«

Mit welchem Maß messen?

Und unabhängig davon, dass nach FIFA-Regeln ohnehin die Tatsachenentscheidung des Schiedsrichters gilt, fragt Rudi Völler am Beispiel des Achtelfinales Deutschland – England bei der Weltmeisterschaft 2010 nach dem Maß, mit dem die öffentliche Meinung misst. »Der Schuss von Frank Lampard in der 38. Minute traf von der Latte einen Meter hinter der Linie auf. Jeder hat das gesehen, außer dem Linienrichter, der ›Kein Tor‹ entschieden hat. Ich kann mich nicht erinnern, dass irgendjemand in Deutschland nach dieser klaren Fehlentscheidung eine Wiederholung des Spiels gefordert hätte. Welchen Unterschied soll es geben zwischen dem Tor, das wir in Hoffenheim gemacht haben, was natürlich keines war, und dem zu Unrecht aberkannten Tor, das wir mit der Nationalmannschaft bekommen haben. Von uns wurde gefordert, wir sollen ein Wiederholungsspiel machen und uns für Dinge entschuldigen, für die wir nichts können. Aber für das Spiel gegen England 2010 hat es keinen einzigen Artikel mit der Forderung gegeben, dieses Spiel zu wiederholen. Und es war richtig, dass es nicht wiederholt wurde. Es war Pech für die Engländer. Es gab keine Torkamera, der Schiedsrichter und der Linienrichter haben es nicht gesehen. Aber dann ist das so.«
Natürlich versteht er, dass die Menschen am Beispiel des »Phantomtors« die Frage nach Gerechtigkeit in besonderer Weise beschäftigt. Aber auch das schränkt er noch einmal ein. Denn »im Grunde macht es doch keinen Unterschied, ob einer einen halben Meter im Abseits steht und das Ding reinmacht. Das ist eigentlich auch kein Tor. Aber so ein »Phantomtor« bewegt die Leute anders. Das Ungerechtigkeitsempfinden, jetzt am Beispiel Hoffenheim oder damals in Südafrika, ist sehr viel größer.« Darum lautet ein Fazit von Rudi Völler, dass für solche Situationen, also bei der Frage Tor oder nicht Tor, in naher Zukunft die technische Überprüfung durch eine Torlinientechnik oder den Videobeweis herangezogen werden sollte. »Bei allem anderen aber muss die

Schiedsrichterentscheidung gelten, auch wenn sie manchmal falsch ist.«

Was man vom Fußball fürs Leben lernen kann

Geschwollene Antworten auf diese Frage möchte Rudi Völler vermeiden. Er sagt darum ganz einfach: »Wenn du Fußball nicht nur als Hobby siehst und weiterkommen willst, musst du gewisse Opfer bringen und hin und wieder die Ellenbogen benutzen, die du im Leben ja auch brauchst. Das hört sich zunächst negativ an, also danach, dass du den anderen zur Seite drängst. Aber wenn du etwas erreichen willst, musst du auch deinen Körper einsetzen. Du musst dir selbst wehtun, manchmal auch anderen. Diese Sportart ist eben kein Schach.«

Und im Blick auf das große Ganze seiner eigenen Karriere fügt er hinzu: »Ich finde, man muss demütig sein. Das habe ich mir selbst über die Jahre hinweg gesagt und es verinnerlicht. Das versuche ich auch den Spielern zu vermitteln: Dankbar zu sein, dass man diesen tollen Sport treiben kann, vor allem als Fußballer, also weniger als Trainer oder Manager, dass man sein Hobby zum Beruf machen konnte. Wer kann das schon von sich behaupten? Das ist doch ganz selten möglich und wo es gelingt, ist es der Idealfall. Und wenn man so viel Glück hatte, muss man demütig sein und auch wieder etwas zurückgeben.«

Das Spiel von Distanz und Nähe

AXEL HELLMANN

In seinen Überlegungen zu »Ethik und Politik« setzt sich der gebürtige Frankfurter Psychoanalytiker und Philosoph Erich Fromm auch mit dem Thema Macht auseinander. Er kommt zu dem Ergebnis, dass Macht zwei Bedeutungen hat. Du kannst Macht über etwas haben, über die Natur, auch über andere Menschen. Du kannst aber auch die Macht zu etwas haben: die Macht, zu denken und dich zu entscheiden, die Macht, mitzufühlen und zu lieben, die Macht, etwas zu schaffen und zu erschaffen. – Zum Umgang miteinander und auch zum Umgang mit der Macht rät der Verfasser des 1. Petrusbriefes der jungen Kirche seinerzeit: »Alle sollen einander mit den Begabungen dienen, die sie empfangen haben. Setzt sie so ein, dass ihr euch als Menschen erweist, die mit der vielfältigen Gnade Gottes gut haushalten können« (1 Petr 4,10).

Die Kunst des Medienauftritts

Der Profifußball lebt, rein wirtschaftlich betrachtet, überwiegend davon, über alle Medien in die Öffentlichkeit verkauft zu werden. Diese Art Profifußball würde auf höchstem Niveau nicht funktionieren, wenn wir nicht diesen »faustischen Pakt« geschlossen hätten. Das heißt: Wir müssen in den Medien mit dem Fußball auf die Bühne, um uns die hohen Spielergehälter leisten zu können. Das klingt wie eine theoretische Formel, hat aber handfeste Folgen. Sie gilt am Ende für alle: Spieler, Trainer, Funktionäre, Manager, Vorstände. Profi-Fußball geht nur mit der Öffentlichkeit. In diesem Zusammenspiel muss man genau abwägen, was man sagt und wie man etwas sagt, wie man auch das Produkt, den Verein, vermittelt und verkauft. Dahinter gibt es eine klare Strategie, wie man sich in der Öffentlichkeit bewegt: Wann wird etwas akzentuiert? Wie werden Dinge akzentuiert? Wenn ich mich zurückerinnere, habe ich anfangs Dinge öffentlich gesagt, die man so einfach nicht sagen darf. Ich war sehr emotional, habe

direkt nach einem Spiel etwas herausgehauen, mich vielleicht über einen Schiedsrichter aufgeregt oder über den eigenen oder den fremden Spieler. Jedenfalls war es wesentlich, schnell zu lernen, den Puls nach dem Spiel herunterzubekommen. Denn alles, was du in der Aufgeregtheit sagst, wird immer sogleich mit dem Verein in Verbindung gebracht, schlägt in die falsche Richtung durch oder kommt zurück wie ein Bumerang. Du musst dann »hinterherlaufen«, um für die Organisation, also für die Eintracht, wieder zu werben. Auch wenn du dann die Scherben zusammengekehrt hast, bleibt etwas am Verein kleben. Denn du verkörperst ihn. Wenn du sprichst, wird alles immer im Zusammenhang mit dem Verein, der Institution gesehen, für die du sprichst, in meinem Fall also für Eintracht Frankfurt.
Daran muss man sich gewöhnen und strategisch hineinwachsen. Ich habe mir erfahrene Leute gesucht und mich von ihnen beraten und coachen lassen, auch zu Fragen der Rhetorik. Es gibt hier drei Ebenen, die man bespielen muss. Du musst dir überlegen, was du sagst, was der Kern deiner Botschaft ist; dazu kommt das timing deiner message, also der beste Zeitpunkt; und drittens, wie verpackst du dein Thema, in welches Sprachkleid steckst du die Botschaft. Und auf allen drei Ebenen kann man sich im Sinne der Institution ganz professionell vorbereiten.
Schwierig bleibt die Situation unmittelbar nach einem Spiel dennoch. Trainer stehen absolut in der Öffentlichkeit. Unmittelbar nach dem Abpfiff stürmen Fernseh-Journalisten auf sie zu und wollen sofort einen O-Ton. Das verlangt, sich in den Momenten einer hohen Erregung zu beruhigen. Das schaffen die wenigsten. Aber mit mentaler Vorbereitung ist es möglich. Trainer werden inzwischen auch in diesem Bereich geschult. Das ist eine gute Entwicklung. Für uns als Funktionäre ist es leichter. Wir sind nicht dafür da, Spielszenen im Einzelnen zu kommentieren. Müsste ich aber sofort jede Elfmeterentscheidung kommentieren, würde in mir auch eher der Fan sprechen als der Funktionär.

In der Öffentlichkeit stehen

Was man sehr schnell spürt, wenn man die öffentliche Bühne betritt, ist, dass man sich in seinem Verhalten verändert. Das gilt vor allem, wenn man Fehler gemacht hat und sie schnell gespiegelt bekommt. Man wird vorsichtiger. Ich kann mich erinnern, dass ich zu Beginn meiner Tätigkeit für Eintracht Frankfurt einer populären Zeitung ein Interview gegeben habe. Später gab es dann die Überschrift: »Wie dumm darf ein Vizepräsident sein?« So etwas schüttelt man nicht einfach ab. Zu der Zeit war die Eintracht in der Krise. Was ich damals gesagt habe, könnte ich heute ohne Probleme sagen, aber wenn dein Verein in der Krise ist und du selbst dich schlecht präsentierst, schlägt das auf dich zurück. Und dieser »Treffer« war natürlich sehr persönlich. So etwas ist ein einschneidendes Erlebnis. Es hat zum einen dazu geführt, dass ich viel bedachter an öffentliche Auftritte herangehe, und zum anderen versuche ich, die öffentliche Meinung, soweit es geht, von mir fernzuhalten.

Und ich habe begonnen, in manchen Situationen eine Rolle zu spielen, hinter der es sich privat gut leben lässt. Das hilft nicht nur der Institution, sondern auch dir selbst. Wenn du nämlich »diesen Knopf drückst«, löst du diese oder jene Reaktion auf der anderen Seite aus und dein Plan geht auf. Und wenn du dann noch Lob für das bekommst, was du sagst, dann ist das etwas, das dich weiterbringt. Da greifen Anerkennungsmechanismen, die es überall gibt, in der Schule genauso wie im Beruf. Diese öffentliche Anerkennung kann dir aber auch entzogen werden. So etwas fängt als Krise im Job an, kann aber ganz schnell ins Private und Persönliche durchschlagen. Auch wenn ich dies noch nicht erlebt habe, ist mir klar, dass so etwas irgendwann auch bei mir kommen könnte. Das ist die Kehrseite von beruflichem oder persönlichem Erfolg, den du in die Medien trägst. Ich selbst gehe damit sehr zurückhaltend um. Andere, auch große Stars, haben ja das Bedürfnis, sich mit jeder Regung in der Öffentlich-

AXEL HELLMANN gehört seit Ende 2011 zum Vorstand der Eintracht Frankfurt Fußball AG. Der 42-jährige Frankfurter Jurist hat sich in hauptamtlicher Tätigkeit ganz dem Profifußball verschrieben. Mit der Eintracht verbunden ist er sein Leben lang. Seine Eltern meldeten ihren dreijährigen Sohn zum Turnen an. Und weil es in der Turnhalle auch einen Kartenvorverkauf für die Bundesligaspiele gab, nahm er als Kind wahr, wie Leute sich mit Karten versorgten. Er überzeugte seinen Vater, mit ihm auch einmal zu einem Spiel zu gehen. Im Alter von sechs Jahren sah Axel Hellmann im Waldstadion sein erstes Spiel – damals mit den Nationalspielern Jürgen Grabowski und Bernd Hölzenbein. Alles hat ihn begeistert: das Stadion, die tolle Atmosphäre, die großen Fahnen. Er wurde Fan von Eintracht Frankfurt. Später als Jugendlicher verabredete er sich mit Freunden zu den Heimspielen, war mit Fanclubs unterwegs und fuhr zu den Auswärtsspielen.
Nach seinem Jurastudium u. a. in England und den USA kehrte er nach Frankfurt zurück, etablierte sich als Anwalt, wollte aber auch ein bisschen im Verein mitarbeiten. Schon bald gründete er, gemeinsam mit anderen, die Fan- und Förderabteilung. Diese bis heute ungeheuer erfolgreiche Abteilung hat als Ziel, der Basis bei Eintracht Frankfurt ein Mitspracherecht zu geben. Im Zuge dieser Gründung wurde Axel Hellmann in das Präsidium von Eintracht Frankfurt e.V. gewählt. Dort engagierte er sich zunächst ehrenamtlich, später auch hauptamtlich als geschäftsführendes Präsidiumsmitglied und Aufsichtsratsmitglied der Eintracht Frankfurt Fußball AG. Ende 2011 wurde er Vorstandsmitglied.

keit zu produzieren. Dabei muss jeder wissen, dass dieses Interesse, das einem durchaus guttut, eines Tages böse ins Gegenteil umschlagen kann.

Das persönliche Umfeld

Manchmal habe ich das Gefühl, die Leute haben sich mir gegenüber viel schneller verändert, als ich mich ihnen gegenüber. Ich erlebe, dass sie anfangen, mich aus meiner öffentlichen Funktion heraus wahrzunehmen und nicht mehr nur als Freund, als Kumpel oder als Bekannter. Das, was ich öffentlich sage, fließt ein in die persönliche Beziehung. Ich spüre, wie mein Umfeld anfängt, zu mir aufzuschauen, und ich kein kritisches Feedback zu mir als privater Person und Mensch mehr bekomme. Natürlich erlebe ich auch, dass ich mir mehr herausnehmen darf. Das finde ich zwar komisch – allerdings wehrt sich dagegen ja keiner, wenn das erst einmal so ist. Aber das führt auch dazu, dass die Dinge nicht mehr so persönlich werden, weil offenbar viele Leute in meinem Umfeld das Gefühl haben, wir dürfen den Hellmann gar nicht mehr mit privaten Themen »drangsalieren«, dem Streit in der Beziehung, Probleme mit den Kindern, Stress mit Freunden oder Stress im Beruf. Den darf man nicht mit persönlichen Dingen nerven und er hat eh kein Ohr dafür. Ich habe das aber! Und ich sehne mich danach, in persönlicher Beziehung zu bleiben. Denn das ist für mich Lebenselixier. Ich habe einen sehr guten Freund im Taunus. Wenn ich zu ihm fahre, ist das wie ein Refugium. Unsere Gespräche, er engagiert sich bei den Grünen, drehen sich nicht ausschließlich um die Eintracht, obwohl auch er Fan ist, sondern immer auch um das Private, das Berufliche und Politische. Und das ist ein Genuss. Mein Leben ist im Grunde genauso wie vorher auch – mit einer Einschränkung: Man muss trennen können zwischen der Rolle und der privaten Seite. Aber diese Trennung zu erkennen, fällt meinem Umfeld zunehmend schwer.

Tutto va bene

Alles wird gut

CHRISTOPH PREUSS

In der Frankfurter Rundschau vom 10. August 2005 wurde über die Geschichte von Shaka Sola aus Samoa berichtet. Shaka Sola ist Sportler. Eigentlich war er Rugby-Spieler, ehe er seine Liebe für das Kugelstoßen entdeckte. Und als Kugelstoßer hatte sich der damals 28-Jährige im Sommer 2003 auch auf den Weg gemacht, um in seiner Disziplin an der Weltmeisterschaft in Helsinki teilzunehmen. Leider verpasste er seinen Flieger und saß zum Zeitpunkt der Qualifikation am Flughafen fest. Als er in Helsinki dann endlich doch eintraf, hatte Adam Nelson bereits die Goldmedaille im Kugelstoßen geholt. Und auch die Qualifikationen im Diskus- und Hammerwerfen waren gelaufen. Was also blieb zu tun für einen Mann, dessen Leidenschaft es ist, Gerätschaften durch die Gegend zu schmeißen? Nun, er nahm am Speerwerfen teil! »Ich hatte keine Wahl«, wird er später zitiert. Und mit 41,18 Meter stellte er unter dem Jubel von 40.000 Zuschauern seine persönliche Bestleistung auf. Allerdings hatte er bis dahin auch noch keinen Eintrag in dieser Disziplin. Aber er hat in seiner Situation sicher das Beste aus der Sache gemacht.

Zu einer Karriere gehört Glück

Die Erfüllung seines Traumes vom Leben als Fußballprofi beginnt mit der Unterschrift unter den Vertrag. Seine erste Profimannschaft wird Eintracht Frankfurt. Wobei der Vertrag zunächst nicht mehr ist als ein Stück Papier. Keinesfalls ist er die Garantie, von nun an auch mit der ersten Elf im Stadion auflaufen zu dürfen. Noch nicht einmal auf der Bank sitzt man automatisch. Denn der Kader eines Teams besteht in aller Regel aus 25–30 Spielern, von denen selbstverständlich jeder spielen will. Ein neuer Konkurrenzkampf beginnt. Man muss im Training alles geben, um sich selbst und dem Trainerstab zu zeigen, warum man zum Kader gehören und auch spielen will. Nicht immer ist dieses Umschalten leicht: im Training Konkurrenten zu sein und im Spiel wieder alle auf einer Seite zu stehen. Christoph Preuß sagt dazu: »Training ist Training und Spiel ist Spiel. Im Spiel geht es nur noch um die Frage, welchen Beitrag ich zu einem guten Spielverlauf beisteuern kann.«

Felix Magath setzt von Anfang an auf Christoph Preuß. Im Spiel gegen Unterhaching bringt er ihn für die letzten 20 Minuten im rechten Mittelfeld. Aus der Abwehr wieder in die Mitte gerückt worden zu sein, wird zum unvergesslichen Auftakt seiner Bundesligakarriere. Den damaligen Trainer der Eintracht hat überzeugt, dass dieser junge Spieler immer »Vollgas« gibt, sich nie schont und auch nicht zurückzieht an jenen Stellen, an denen jeder Fehler spielentscheidend sein kann. Wer so spielt, weiß, dass er auch etwas auf die Knochen bekommen kann, und ist sich dessen bewusst, dass dieses Risiko zum Sport gehört. Mit dem nötigen Glück, sagt Christoph Preuß, schafft man dennoch eine lange Karriere. Er selbst habe viel Pech gehabt – und dennoch seinen Traum gelebt und die Karriere genossen.

Zwei Knöcheloperationen, ein Bandscheibenvorfall, ein Meniskusschaden, der Trümmerbruch des Nasenbeins und eine Risswunde am Oberschenkel stellen einen Teil seiner langen Leidensliste dar. Sie alle kann er überwinden und auskurieren. All diese Verletzungen hindern ihn nicht, sich wieder neu in die Mannschaft zu spielen – und dabei auch Unvergessliches zu leisten.

Tor des Monats 2007

Noch heute sprechen die Fans voller Bewunderung von einem Moment, der sich am 17. März 2007 gegen 17 Uhr ereignete. Beim Heimspiel gegen den FC Bayern München steht es 0:0, als sich Patrick Ochs auf dem rechten Flügel durchsetzt und eine Flanke in den Strafraum zieht. Dort steht Christoph Preuß. Er setzt einen Fallrückzieher an, nahe beim brasilianischen Verteidiger Lucio, und überwindet mit dem späteren »Tor des Monats« den verdutzten Torwart-Titan Oliver Kahn. Die Eintracht schafft es, dieses Ergebnis über die Zeit zu retten und sich selbst aus dem Abstiegsstrudel dieser Saison. Und den Bayern versiebt dieser geniale Streich damals die Meisterschaft.

Aus dem Himmel gefallen ist dieses Tor dabei nicht. Mit Glanz in den Augen erzählt der Torschütze, dass es eine mentale Vorbereitung auf diesen Moment gab. Vor diesem Spiel hatte er, wie auch sonst, mit Patrick Ochs das Zimmer geteilt. Beide waren nicht die

CHRISTOPH PREUSS steht im Zentrum der vielen fassungslosen und mitfühlenden Nachrichten. Am 27. Januar 2010 überschlagen sich die Einträge im Internet-Forum von Eintracht Frankfurt. Denn an diesem Tag gibt der kompromisslose Innenverteidiger und Mittelfeldspieler mit dem großen Kämpferherz im Alter von nur 28 Jahren das Ende seiner aktiven Laufbahn bekannt. Zu schwer sind die Verletzungen am Knie.

Weder eine Reihe von Operationen noch sein unbändiger Wille zurückzukehren, haben ihm helfen können, den Traum von der Fortsetzung seiner erfolgreichen Karriere im Profifußball zu verlängern. Am 27. Januar 2010 wird der 47-fache U17 bis U21 Nationalspieler, der auch 131 Bundesligaspiele für Eintracht Frankfurt, Bayer Leverkusen und den VFL Bochum spielte, von einem Moment zum anderen in ein neues Leben hineingeworfen.

Typen, sich in der Mittagspause noch einmal aufs Ohr zu legen. Sie redeten miteinander oder schauten Fernsehen. An diesem Tag, wenige Stunden vor dem Spiel gegen die Bayern, wurden auf einem Sportkanal »Die schönsten Tore Europas« gezeigt. Wunderschöne Torerfolge gab es dabei zu bewundern. Nach der Sendung haben sich die beiden angeschaut und gesagt, wenn man so etwas nie probiert, kann man ein solches Tor auch nie erzielen. Und gerade in einem Spiel gegen die Bayern muss man eigentlich seinen ganzen Mut zusammennehmen, ganz im Sinne des Sprichwortes »Wer nicht wagt, der nicht gewinnt.« Ob dieses grandiose Tor im Unterbewussten längst abgespeichert war, ist nicht ganz sicher, aber Christoph Preuß sagt, dass dieses Tor vielleicht die Belohnung für seine ganze Karriere war.

Dunkle Schatten

Keine zwei Wochen nach der überschwänglichen Berichterstattung aller Medien über sein sensationelles Tor werden die Schlagzeilen überschattet von seiner ersten schweren Verletzung. Beim Zusammenprall mit seinem Teamkollegen Oka Nikolov erleidet Christoph Preuß im Spiel gegen Cottbus eine fünfzehn Zentimeter lange, klaffende Risswunde am Oberschenkel, die an die schwere Verletzung von Ewald Lienen beim Spiel gegen Bremen 1981 erinnert.

Kaum ist die Sommerpause vorbei, folgt im Spiel gegen Leverkusen der Trümmerbruch des Nasenbeins. Und dann, nur wenige Wochen später, spürt er bei einem Zweikampf Schmerzen im Knie, die sich zunächst nicht eindeutig zuordnen lassen. Auf den Röntgenbildern, die zwei Stunden später gemacht werden, ist nichts zu sehen. Alles sei in Ordnung, bekommt Christoph Preuß gesagt, er sei gesund. Zwei Wochen später im Training aber verschlechtert sich seine Beweglichkeit. Erneut werden Bilder gemacht. Sie bringen einen Knorpelschaden vierten Grades zum Vorschein. Innerhalb weniger Tage verändert sich angesichts der Schmerzen und zunehmender Unbeweglichkeit auch die Diagnose dramatisch: Einer der behandelnden Ärzte eröffnet ihm, dass die Verletzung so schwer sei, dass er eine vollständige Heilung nicht in Aussicht stellen könne. Diese Nachricht ist für Christoph Preuß ein Schock. Und auch wenn er ihren Inhalt heute längst als unabänderliche Wahrheit von damals akzeptiert hat, sagt er doch auch, noch immer nicht richtig nachvollziehen zu können, wie es zu einer solchen Hiobsbotschaft innerhalb kürzester Zeit kommen konnte.

Danach, so erzählt er, hatte er viel Zeit, um nachzudenken, sich mit dieser Diagnose auseinanderzusetzen. Und er erzählt von verzweifelten Momenten in jener Maschine, die sein Knie tagtäglich mobilisierte, aber auch von neu aufkeimender Hoffnung. Nach der ersten Operation im Dezember 2007 sagt man ihm, dass er im kommenden Mai vielleicht wieder zur Mannschaft stoßen könne. Der Heilungsprozess entwickelt sich gut und damit auch das Selbstvertrauen. Tag für Tag erlebt er Fortschritte. Plötzlich geht eine Übung mehr oder eine neue Bewegung wird wieder möglich. Mit einem Mal kann er ein paar Kilo mehr auf die Hantel legen. Auf die niederschmetternde Diagnose und die schlimme Phase rund um die Operation folgen nun positive Rückmeldungen des Körpers, die das positive Denken auch neu beflügeln.

Und doch wird 2008 eine zweite Operation nötig, dieses Mal bei Spezialisten in den USA. Erneut kommt es zu Röntgenbildern, Kernspintomografien und zahllosen Besprechungen mit Ärzten, unter anderem mit dem schließlich operierenden Chirurgen. Hat der Untersuchungsmarathon bereits morgens um 7 Uhr begonnen, gibt es erst gegen 19 Uhr die Prognose, dass es eine Lösung geben könne, das Knie besser zu fixieren, und eine erneute Operation darum sinnvoll sei.

Als mutmachend erlebt Christoph Preuß in der amerikanischen Klinik auf Bildern die Begegnung mit Spielerkollegen aus der

Bundesliga, die alle ebenfalls dort operiert worden sind. Zu ihnen gehören auch ehemalige Mannschaftskollegen wie Jens Nowotny und Marco Rehmer. Zu wissen, dass sie den Weg zurück auf den Platz gefunden haben, spornt ihn an. Dazu verbreitet das Team an Therapeuten, das mit kleinen Wettkämpfen und vielen Späßen die Patienten mobilisiert und motiviert, eine hoffnungsvolle Stimmung. Und dennoch empfindet Christoph Preuß, dass sein Heilungsprozess nur schleppend vorangeht. Manchmal hat er, der vom Profifußball ganz andere Übungen kennt und gewohnt ist, das Gefühl, nun Übungen für Senioren machen zu müssen. Zurück in Deutschland ist es der Ex-Physiotherapeut von Eintracht Frankfurt, inzwischen mit eigener Praxis selbstständig, der ihn nun intensiv begleitet. Längst ist er zum Freund und Weggefährten geworden, der nicht nur alle Möglichkeiten der medizinischen Nachsorge bieten kann, sondern auch mal beim gemeinsamen Kaffee sitzen bleibt, um zu hören und zu begleiten und mit dafür Sorge zu tragen, dass der Heilungsprozess nicht nur körperlich vorangeht.

Tutto va bene – Alles wird gut

Hilfreich ist sicher auch, dass er, wie Christoph Preuß von sich sagt, schon immer ein positiv denkender Mensch gewesen ist und es auch seine Art ist, positiv an die Dinge heranzugehen. Das Beste aus einer Sache zu machen, das galt für ihn schon als Spieler. Darum hält er es in seiner heutigen Funktion als Teammanager von Eintracht Frankfurt auch nicht für einen guten Rat, wenn jene, die auf der Bank sitzen oder sogar dahinter anstehen müssen, andere kritisieren. Viel sinnvoller sei es, an sich selbst zu arbeiten und auch Geduld aufzubringen. Diese Haltung, so sagt er, hilft, bis der Tag kommt, an dem man seine Chance bekommt.

Das Beste aus einer Sache zu machen und relativieren zu können ist letztlich auch die Haltung, die durch einen Rückschlag trägt.

»Ich weiß«, sagt er im Gespräch, »dass ich eine Verletzung hatte, die mein Berufsleben, die meinen Traum kaputt gemacht hat. Aber mir geht es doch nach wie vor gut, besonders im Vergleich zu all den Menschen, die um ihr Überleben kämpfen müssen, weil sie nichts zu essen oder zu trinken haben. Sie haben weitaus größere Probleme als eine schwere Verletzung, die einen aus dem Ruder reißt. Diese Haltung habe ich verinnerlicht. In meinem Nachdenken habe ich mir gesagt: Ja, es ist eine Verletzung. Und der Traum kann zu Ende gehen. Aber ich lebe! Ich bin noch jung. Ich habe Energie und denke positiv. Und ich kann und werde etwas anderes finden, worin ich wieder aufgehen kann. Den Lebensmut, die Lebensfreude nicht zu verlieren, das ist ganz entscheidend. Mein Vorbild in der Jugend war Roberto Baggio. Als er einmal nach seinem Motto gefragt wurde, hat er geantwortet: ›Tutto va bene. Alles wird gut.‹ Dieses Motto habe ich damals übernommen und verinnerlicht. Darum weiß ich auch, dass etwas anderes, etwas Neues kommt, wenn das Alte zu Ende geht. Allerdings muss man auch darauf hinarbeiten, denn man bekommt nur wenig geschenkt. So ist es letztlich bei mir gekommen: Der eine Traum ging zu Ende, aber ein neuer hat begonnen.«

Teammanager seit 2012

Schon bald nach seinem Rücktritt vom Profifußball lädt Heribert Bruchhagen, Vorstandsvorsitzender der Eintracht Frankfurt Fußball AG, Christoph Preuß zu Gesprächen über seine Zukunft ein. Er will ihn in die Arbeit der AG einbinden. Dass eine Trainerlaufbahn für ihn infrage komme, hatte Christoph Preuß bereits in der Reha für sich ausgeschlossen. Aber ein Studium kann sich der Fachabiturient gut vorstellen. Parallel zu seiner Einschreibung im Fernstudiengang »Sport-Management« entwickelt Eintracht Frankfurt zum ersten Mal ein Trainee-Programm, abgestimmt auf die Anforderungen des Studiums. Sein Weg in der Geschäftsstelle beginnt in der Buchhaltung. In einem Interview beschreibt er diese Erfahrung so: »Nach dem Jonglieren mit dem Ball kam das Jonglieren mit den Zahlen.« Er durchläuft alle Abteilungen von Eintracht Frankfurt und auch der Stadion Frankfurt Management GmbH. Im Sommer 2012 schließt er sein Studium mit dem Diplom ab und arbeitet seither als Teammanager bei Eintracht Frankfurt.

Ulrike kommt strahlend aus der Schule. Sie kann es noch gar nicht fassen: Endlich hat sie eine Vier im Diktat geschrieben, eine glatte, runde, richtige Vier! Endlich hat ihr vieles Üben einen Sinn gehabt und Erfolg gebracht! Ulrike ist so stolz! Nur schnell nach Hause! Sie muss es gleich Mutter sagen, ganz schnell, damit sie sich mitfreuen kann. Ulrike rennt und hastet nach Hause. Mutter steht im Garten und unterhält sich mit der Nachbarin. Da kann es Ulrike nicht mehr für sich behalten. »Mutti«, ruft sie schon an der Gartentür, »Mutti, ich habe eine Vier im Diktat, eine richtige Vier!«

Ich bin glücklich, wenn sich meine Jungs wohlfühlen

Dragoslav Stepanović wusste vielleicht nicht genau, worauf er sich einlässt, wenn er als ehemaliger Trainer von Bundesligamannschaften nun Menschen mit intellektuellen Defiziten trainiert. Auf die Frage nach dem größten Unterschied sagt er: »Der Unterschied ist, dass man mit diesen Jungs hier Geduld üben muss. Wer selbst ungeduldig ist, kann gerne einmal zu mir in dieses Training kommen. Hier kann man lernen, wie man immer wieder neu anleiten muss, immer wieder neu an Fehlern arbeiten und sie überwinden muss.«
Hintergrund seiner Mission ist zweifellos, dass Stepi nie vergessen hat, wo er herkommt: »Ich bin in sehr ärmlichen Verhältnissen groß geworden. Meine Mutter war Köchin. Sie hat mich immer wieder in die Studentenmensa mitgenommen. Donnerstags und freitags musste ich dort die Teller einsammeln, damit ich Geld hatte, samstags bis tief in die Nacht meine Musik zu hören. Diese Arbeit war jetzt nicht direkt soziale Arbeit, aber immerhin ein Dienst an vielen Leuten. Mit meiner Mutter und meinem Vater habe ich in einem 9 m² kleinen Zimmer gelebt, ohne Bad, ohne Wasser. Das hat mich geprägt. Auch darum wollte ich immer anderen Menschen helfen, dass sie ihren Weg finden als Persön-

lichkeiten und ihre Karriere als Spieler. Ich bin Einzelkind. Meine Eltern sind in Serbien geblieben. Aber ich habe als Selbstverpflichtung mitgenommen, älteren Menschen zu helfen. Denn meinen Eltern konnte ich nicht helfen. Aber immer, wenn ich hier jemandem geholfen habe, dachte ich, bestimmt hilft zum Ausgleich jemand meinen Eltern dort, was so auch gestimmt hat.«

DRAGOSLAV STEPANOVIĆ Drei Männer fallen beim Training der Hessenauswahl der Fußballspieler mit intellektueller Beeinträchtigung (Fußball-ID) gleich auf. Klar ist sofort, dass alle Beteiligten auf die serbo-hessischen Kommandos des Cheftrainers hören. Der ist kein Geringerer als die Fußballer- und Trainerlegende Dragoslav Stepanović. Der 34-fache jugoslawische Nationalspieler war Profi bei OFK Belgrad und Roter Stern Belgrad, ehe er in Deutschland für Eintracht Frankfurt und Wormatia Worms spielte. Ende der 60-er Jahre galt er als einer der weltbesten Außenverteidiger. Als Trainer führte er mit Eintracht Frankfurt in der Bundesligasaison 1991/92 bis zum letzten Spieltag die Tabelle an. Durch eine Niederlage bei Hansa Rostock verpasste die Eintracht in einem überaus dramatischen Saisonfinale ganz knapp die Meisterschaft. Nach der Pokalniederlage der Eintracht gegen Bayer 04 Leverkusen wurde Stepi in der Saison 92/93 in Frankfurt entlassen. Er wechselte nach Leverkusen und gewann mit dem Team dort den DFB-Pokal. Heute engagiert sich der 65-jährige Bestseller-Autor für die hessischen Fußballer mit intellektuellen Defiziten (ID).

Er ist Zugpferd für diese Arbeit und lässt sich sehr bewusst vor diesen Karren spannen. Denn: »Es wird uns leicht gemacht, diesen Menschen zu helfen, weil es Sponsoren gibt, die sich für die Arbeit interessieren, auch durch meine Position als Trainer. Natürlich brauchen wir für alles Geld. Darum stelle ich mich gerne zur Verfügung, lasse mich fotografieren und sage ein paar Worte.

MICHAEL TRIPPEL hält organisatorisch die Fäden in der Hand. Der diplomierte Sportmanager ist Sportlicher Leiter der Fußballabteilung und Leiter des Leistungszentrums Fußball im Hessischen Behinderten- und Rehabilitations-Sportverband e.V. (HBRS). Als Torhüter und Torwart-Trainer war er selbst in Vereinen der ersten und zweiten Bundesliga sowie in der Oberliga Hessen tätig. Er ist auch Torwart-Trainer und Teammanager der U19, U20 und U21 der Demokratischen Republik Kongo (www.hbrs-fussball.de).

DIRK HARTMANN wirkt als verlängerter Arm von Trainer und Manager. Er ist Kapitän der Hessenauswahl für Menschen mit intellektueller Beeinträchtigung. Trotz seiner Behinderung kann Dirk im Kreis Hofgeismar/Wolfhagen in einem »normalen« Verein in der Kreisliga B spielen. Er arbeitet in einem tegut-Laden und ist dort für die Kommission und den Wareneingang zuständig. Er ist zudem leidenschaftlicher Tischtennis-Spieler.

Solche Hilfsbereitschaft ist einfach in mir drin. Es ist in mir drin, Menschen zu helfen. Denn das Leben, das ich hatte, und die Erfahrungen, die ich machen konnte, sind so wunderbar und schön, dass ich etwas davon auch anderen ermöglichen möchte. Auch wenn es nur ein Spiel ist. Auch wenn es nur ein Turnier ist. Auch wenn es nur ein Training ist: Wenn meine Jungs sich wohlfühlen, bin ich überglücklich.«

Einer von diesen Jungs ist Kapitän Dirk Hartmann. Er erzählt: »Zum Spielführer bin ich erst vor Kurzem bestimmt worden, aber in der Mannschaft spiele ich schon seit drei Jahren. Mit dem Team der Hofgeismarer Werkstätten habe ich einmal in Bebra gespielt. Dort sind wir ins Gespräch gekommen. Man könnte sagen, ich bin gescoutet worden. Jetzt muss ich zwar längere Fahrten in Kauf nehmen. Aber es macht Spaß, dabei zu sein. Denn es lohnt sich – mit einem Top-Trainer und Top-Betreuung.« Im beruflichen Alltag sitzt er an der Kasse, räumt Regale mit Molkereiprodukten ein oder kontrolliert das Obst. Von Mannschaftskameraden erzählt er, dass sie in einer Gärtnerei arbeiten. Wenn man ihn aber fragt, was zu den schönsten Momenten seiner Fußballerkarriere gehört, huscht ein Lächeln über sein Gesicht. Denn der war beim »ersten Spiel bei der Deutschen Meisterschaft in Wetzlar, zu dem fast 1.000 Zuschauer kamen. So viel Interesse hatten wir noch nie erlebt. Auf einmal waren wir Stars. Wir haben das Spielfeld gar nicht mehr verlassen, weil wir Autogramme schreiben mussten. Alles war super. Sogar noch in der Eisdiele hinterher mussten wir Autogramme geben. Das hat auch unsre Trainer überrascht.«

Es ist ein einziger Spaß

Dass sich Michael Trippel in der Arbeit mit Behinderten so engagiert, ist aus einer Begegnung mit dem Bundestrainer der Fußball-ID Nationalmannschaft entstanden: »Irgendwann hat er mich gebeten, als Torwart-Trainer bei einem Lehrgang der

Nationalmannschaft-ID auszuhelfen. Ich habe sofort zugesagt, war aber unsicher, wie man mit diesen Jungs trainiert. Bei der Arbeit habe ich gemerkt, dass die Menschen mit intellektuellen Defiziten ganz ›normal‹ sind. Es gab kein Problem und auch keine Berührungsängste. Es war, als ob ich schon 10 Jahre dabei gewesen wäre. Das hat mich unglaublich berührt. Diesen Jungs geht es um ehrlichen Fußball, und sie erwarten etwas von dir. Das alles hat mich damals so beeindruckt, dass ich bei dieser Arbeit hängen geblieben bin.«
Er macht den Eindruck, seinen Traumberuf gefunden zu haben. »Früher war es so: Wenn ich nach meiner Arbeit im Verein nach Hause gekommen bin, hat meine Frau sofort die Anspannung gemerkt, die ich mitgebracht habe, wie gestresst ich war. Heute, wenn ich mit dem HBRS unterwegs bin, komme ich fröhlich nach Hause, nach einem tollen Tag mit wunderbaren Jungs.« An einer Stelle aber reagiert er empfindlich. Nämlich dann, wenn Familien nicht zur Behinderung eines Angehörigen stehen: »Einmal standen wir vor der Situation, dass Eltern zwar zugestimmt hatten, dass ihr Sohn in der Auswahl spielen konnte, aber auf ein Foto sollte er um keinen Preis kommen. Sie haben sich für ihr Kind geschämt. Das war für mich ein kaum auszuhaltendes Erlebnis. Ich habe selbst einen Sohn, der jetzt vier Jahre alt ist. Wenn mein Junge heute über eine Straße läuft, von einem Auto angefahren wird und auf den Kopf fällt, dann hat auch er eine geistige Behinderung oder ist intellektuell beeinträchtigt. Oder wenn er hinfällt und keine Luft mehr bekommt, sodass das Gehirn geschädigt wird. Das kann auch mir selbst passieren, zum Beispiel bei einem Schlaganfall. Und was ist dann? Als mir das klar wurde, habe ich zu mir selbst gesagt: Als Vater und als Mutter solltest du immer stolz auf dein Kind sein, ganz egal, ob es behindert ist oder nicht. Und diesen Eltern habe ich damals gesagt: Seid doch froh, dass euer Kind trotz seiner Beeinträchtigung im Leistungssport für das Land Hessen antreten kann. Er gehört zu den besten Spie-

lern in Hessen! Seid stolz auf ihn. Zum Glück hat sich längst alles verbessert. Der Junge kann inzwischen selbst sagen: Ich bin ein Teil der Mannschaft, also gehöre ich auch mit auf das Foto.«

»Lebbe geht weider«

Aus eigenen Erfahrungen in seiner Heimat stimmt Dragoslav Stepanović Michael Trippel sofort zu: »Das war für mich auch einer der Gründe, solchen Kindern zu helfen, weil ich Menschen in Serbien kenne, die sich für ihre Kinder mit einer Behinderung schämen, die sie irgendwo in einem Keller halten und sie nirgendwohin mitnehmen. Aber sie sollen aus ihren Häusern herauskommen können und aus ihren Kellern, um ihren Platz in dieser Gesellschaft zu finden. Und dafür ist das Fußballspiel mit seinen guten Ideen der Integration sehr geeignet. Plötzlich kann einer der Beste in seiner Gruppe sein, trotz einer Behinderung. Und er kann sein Leben danach planen, wann ein Lehrgang ist, ein Training oder ein Spiel. Solche Termine wahrzunehmen, gibt ihm einen Rhythmus und gehört zu seiner täglichen Arbeit. Er gestaltet seine Zeit durch die Vorbereitung. Er kann Unzufriedenheit ausleben, wenn ein Spiel verloren wird, und sich freuen und feiern, wenn es einen Sieg gibt.«
Stepi selbst musste auch lernen, mit Siegen umzugehen und besonders mit Niederlagen. Denn eine seiner schönsten Erinnerungen, »dass ich mit der Eintracht vom ersten bis zum letzten Spieltag auf dem ersten Platz war«, fällt zugleich zusammen mit der bitteren Erinnerung, »leider sind wir nicht in die Geschichte eingegangen, obwohl wir eine Super-Mannschaft hatten.« So oder so lautet seine Grundhaltung: »Lebbe geht weider.« Dieser Satz ist längst zu einem geflügelten Wort im ganzen deutschsprachigen Raum geworden. Woher kommt diese Lebensphilosophie? »Sie ist ein Teil von mir. Ich bereite mich immer auf alle drei Ergebnisse vor. Ich bereite mich darauf vor, Meister zu werden. Ich bereite mich darauf vor, abzusteigen, oder auf das Unentschie-

den. Wenn ich sehe, dass aus dem Spiel, das da läuft, nicht mehr herauszuholen ist, setze ich einen Punkt und gehe weiter. Damals in Rostock, als ich diesen Satz gesagt habe, gab es ein Spiel mit 90 Minuten, in dem wir Meister werden konnten. Nach der Halbzeit blieben uns noch 45 Minuten, in denen wir die Rostocker besiegen konnten. Wir hatten dafür die beste Ausgangsposition. Darum gab es keinen Grund, nach dem Spiel zu weinen. Bitte nicht. Bitte auch nicht sagen, dass der Schiri nicht in Ordnung war und die Zuschauer, dass der Pfosten im Weg stand und die Latte. Denn nach dem Spiel gibt es nichts mehr zu gewinnen, nur noch zu verlieren. Und daran, ob man jammert, sieht man schon, was für ein Kerl du bist. Ich bin einer, der nie jammert und nie dem Schiri die Schuld gibt, weil er schlecht gepfiffen hat. Die sind die ärmsten Säue. Jeder macht Fehler, aber die sollen keine Fehler machen dürfen. Wir hatten in Rostock sechs klare Chancen. Und nur weil der Schiri einmal nicht gepfiffen hat, ist er in aller Munde und wird in Frankfurt als derjenige beschimpft, der das Spiel entschieden hat! Meine Mutter hat gesagt: ›Junge, pass auf! Für jedes Problem gibt es eine Lösung. Man muss sie so schnell wie möglich finden. Und dabei darf man nicht vergessen: Lebbe geht weider! Es wartet nicht auf dich. Und deshalb, mein Sohn, sieh zu, dass du für jedes Problem eine Lösung suchst, wenn es geht, sofort. Und dann bist du immer wieder auf der richtigen Spur.‹«

In der Zusammenarbeit mit Dragoslav Stepanović erlebt Michael Trippel, wie sich Lebensgeschichten verändern. »In unserer Mannschaft haben wir Jungs, die verschlossen und zurückgezogen waren, die auch in der Werkstatt oder privat Probleme hatten. Nach Trainingseinheiten aber haben wir erlebt, dass Betreuer aus Werkstätten anriefen und fragten: ›Was habt ihr denn mit dem Spieler gemacht? Der redet mit einem Mal. Der ist fröhlich und hat ganz neuen Lebensmut.‹ Solche Dinge können wir den Jungs mitgeben, durch unsere Arbeit auf dem Platz. Sie ent-

wickeln eine soziale Kompetenz. Sie lernen, Stärken aus dem Fußball auf ihr privates Leben zu übertragen.«
Ob das mit der sozialen Kompetenz immer stimmt, wagt Dirk Hartmann zu bezweifeln. Auf die Frage danach, was eine Schwalbe ist, antwortet er vergnügt: »Eine Schwalbe ist ein Vogel.« Und nach einem Moment des Nachdenkens ergänzt er schmunzelnd: »Aber vielleicht ist eine Schwalbe auch, wenn man sich einhakt und einfach so fliegt, hinfällt.« »Wenn man täuscht«, stellt Stepi richtig und Michael Trippel ergänzt als Beispiel: »Wie Andi Möller damals.« Ich frage weiter. In der Hessenauswahl (ID) wird doch sicher niemand auf Schwalbe spielen? »Eigentlich kaum«, antwortet Dirk Hartmann, jetzt laut lachend: »Aber wenn es klappt, dann mache ich schon eine. Wichtig ist, dass man dabei auch schreit. Sich einhaken, schreien, fallen.«

Was ist heilig?

Dirk Hartmann beginnt bei seinen Mitspielern: »Mir ist unsere Mannschaft heilig und ich hoffe, dass wir noch lange so zusammenbleiben können und noch manches Highlight erleben.«
Michael Trippel fängt diesen Ball auf und ergänzt: »Mir ist der Wunsch heilig, dass wir bleiben können, wie wir sind, und dass sich alles positiv weiterentwickelt. Meine Familie ist mir heilig und die Gesundheit, das ist das Wichtigste. Und – dass der Stepi natürlich lange bei uns bleibt als Trainer.«
Und nachdenklich ergänzt Dragoslav Stepanović: »Mir ist die Wahrheit heilig. Sie ist das einzig Wichtige in diesem Job. Wenn man in unserem Job sieht, wie viele Menschen sich bereichern wollen und dafür sogar Spiele verschieben, dann wünscht man sich, dass es wieder wie früher wird: Dass man weiß, dass die richtige Mannschaft gewonnen hat und das Spiel nicht gemogelt wurde. Wir müssen ein gutes Beispiel auch für kommende Generationen geben, dass wirklich gilt: Die Wahrheit liegt auf dem Platz – und nicht beim Zocken.«

Fair Play

Damit alle gesund bleiben

In seinem Buch »Die Füße nach oben« setzt sich Eduardo Galeano, der uruguayische Journalist und Schriftsteller, in einem Kapitel mit »Rassismus und Männlichkeitswahn« auseinander. Dabei erzählt er: »Bei der Fußballweltmeisterschaft 1998, die Frankreich gewann, waren beinahe alle Spieler, die das blaue Trikot trugen und zu Beginn des Spiels die Marseillaise sangen, Immigranten. Eine Umfrage, die in jenen Tagen veranstaltet wurde, bestätigte, dass vier von jeweils zehn Franzosen rassistische Vorurteile haben, doch feierten alle Franzosen den Sieg, als seien die Schwarzen und Araber Söhne der Johanna von Orléans« (S. 63).

Kirche und Sport?

Diese Nähe von Kirche und Sport ist für mich noch immer neu. Darüber machen sich Fußballer und Funktionäre zunächst wenig Gedanken. Der Fußballer ist erst einmal fokussiert auf den Fußball, der Handballer auf den Handball und der Leichtathlet auf die Leichtathletik. Das bewusste Entdecken von Schnittmengen und Gemeinsamkeiten, auch von Unterschieden, hat sich bei mir aus Gesprächen mit Stadionpfarrer Eugen Eckert entwickelt. Mir ist inzwischen klar, dass wir auf gleichen Feldern arbeiten. Und es macht Spaß, diese Nähe herauszuarbeiten und aufzuzeigen. Zu den interessanten Projekten, die daraus entstanden sind, gehören Seminare mit Konfirmanden, mit LehrerInnen und jungen Leuten im Freiwilligen Sozialen Jahr.
Das Stichwort dazu heißt »Fair Play.« Wir haben in einem Forum ein gemeinsames Werteverständnis entwickelt, auf und neben dem Fußballplatz. Also zum Beispiel dort, wo ein Spieler seinem Gegenspieler nach einem Rempler wieder aufhilft, sich entschuldigt und das im Bus fortsetzt, wo er als Jüngerer einer älteren Dame mit Rollator oder Stock seinen Platz überlässt.
Das alles ist keine Selbstverständlichkeit. Denn im Fußball geht

es erst einmal um einen sportlichen Wettkampf, um das Gewinnen und um Leistung. Wir sehen das anders. Wir spielen im untersten Juniorenbereich bewusst ohne Meisterschaften. Trotzdem werden Tabellen geführt, von ehrgeizigen Eltern und Trainern, um doch einen Meister festzustellen. Der Leistungsgedanke wird nicht von uns eingeführt, er wird an uns herangetragen. Das Spielerische des Fußballs geht dabei leider viel zu früh verloren. Wir möchten aufzeigen, dass Fußball wirklich mehr ist und dass Fußball wieder mit dem Bewusstsein gespielt wird, dass wir miteinander Sport treiben, um unserer selbst aber auch um der Gemeinschaft willen.

Das Fair Play-Forum

Unser Fair Play-Forum wird von ausgewählten Prominenten unterstützt, die sich zum einen mit den Themen des Fair Play identifizieren müssen, zum anderen müssen sie diese Werte auch in ihrem Leben vertreten. Dafür stehen Menschen wie z. B. Steffi Jones oder Lutz Wagner als Persönlichkeiten mit Ausstrahlung. Inzwischen ist es uns gelungen, die hessischen Top-Vereine von der ersten Bundesliga bis hinunter zur vierten Liga als Partner zu gewinnen. Sie setzen den Gedanken des Fair Play-Forums: »Nein zu Diskriminierung und Gewalt« um. In Workshops arbeiten wir gezielt mit den Mannschaften zu Fair Play, Antidiskriminierung und Gewaltprävention. Am Ende der Workshops entwickeln wir mit den Spielern eine Selbstverpflichtungserklärung, die ein Bekenntnis zum Fair Play enthält: dass sie fremdenfeindlichen Strömungen entgegenwirken, auf dem Platz und neben dem Platz, dass sie für Gewaltprävention eintreten. Im besten Falle unterschreiben alle Spieler der Mannschaft diese Erklärung und bekennen sich damit zum Fair Play-Gedanken. Wir wissen von Trainern wie Uwe Bindewald und Armin Kraaz, dass sich die Spieler tatsächlich mit diesen Themen auseinandersetzen und erzählen: »Ich habe mich zum ersten Mal mit einem Mitspieler über ein anderes Thema als Fußball unterhalten. Ich habe zum ersten Mal nachgefragt: ›Du bist dunkelhäutig. Wie siehst du das Thema Antidiskriminierung? Bist du tatsächlich schon diskriminiert worden? Unterschwellig? Wie war das? Wie bist du damit umgegangen?‹« In einem dieser Workshops wurde von einem 17-Jährigen eingebracht, dass auch die Wahrung der sexuellen Identität Teil des Fair Play sein muss, nicht nur Rasse, Sprache oder Aussehen. Das in einem Team von knapp 20 jungen Männern, die alle einmal Fußballprofi werden wollen, aussprechen zu können, ist groß. Und solche Themen miteinander zu diskutieren, schweißt Mannschaften zusammen.

Was zu den Verstößen gegen Fair Play gehört, ist nicht leicht zu beantworten, weil jeder diesen Begriff anders definiert. Für mich fängt Fair Play im Kleinen an: Ich helfe meinem Gegenspieler wieder auf, ich verletze ihn nicht mutwillig oder gar vorsätzlich. Unser letztjähriger Fair Play-Sieger ist ein Spieler, der allein aufs Tor zulief und wahrnahm, dass sich der von ihm bereits ausgespielte Torhüter schwer verletzt hat. Er hat den Ball angehalten, ist zu seinem Gegenspieler gelaufen, hat Erste Hilfe geleistet und dabei auf den Torschuss verzichtet. Das war eine ganz große Geste, die für Fair Play steht. Seine Mannschaftskameraden haben erst einmal nicht verstanden, wie er auf die Chance zum entscheidenden Tor verzichten konnte. Denn kurz vor Spielende stand es 1:1. Als aber die eigenen und die Gegenspieler dann wahrgenommen hatten, wie schwer die Verletzung des Torwarts war, hat dieser Stürmer von allen Seiten, also auch von den Zuschauern und später durch unseren Verband, größte Wertschätzung erfahren; zwar nicht im ersten Moment, aber hinterher. Das Spiel endete übrigens schlussendlich 2:1 für seine Mannschaft.

Aber auch die kleinen Dinge gehören dazu, z. B. das shakehands vor und nach dem Spiel. Fair Play richtet sich auch an die Eltern am Spielfeldrand, Fair Play betrifft den Trainer gegenüber seinen

ERIC MAAS ist Rechtsanwalt, übt diesen Beruf aber nicht aus. Denn er arbeitet beim Hessischen Fußballverband (HFV) als Justitiar und stellvertretender Geschäftsführer. Dass er sein Hobby zum Beruf machen konnte und seinen Beruf zum Hobby, beschreibt er als die Erfüllung eines Kindheitstraumes. Die Schwerpunkte seiner Tätigkeit liegen bei allen juristischen Fragestellungen im Verband – die Prüfung von Verträgen, Arbeitsverträgen, dem Sponsoring. Dazu hat er die sogenannten weichen Themen im Blick, also Themen wie Verantwortung, Gewaltprävention, Sicherheit, Fair Play. Darüber hinaus ist er geschäftsführendes Vorstandsmitglied der Sozialstiftung des Hessischen Fußballs. Er sagt von sich, er habe einen guten Zugang zu sozialen Themen – einerseits über den Fußball als Mannschaftssport, der ihn geprägt hat, andererseits durch die Sozialisation in der evangelischen Kirche. Dort war er als Jugendleiter tätig und hat später auch junge Leute zu Jugendleitern ausgebildet. Seit der Entdeckung, wie nahe manche unserer Themen beieinanderliegen, hat er sich dem Arbeitskreis »Kirche und Sport« in der Evangelischen Kirche von Hessen und Nassau angeschlossen. Der Familienvater spielt selbst bis heute Fußball, aber nur noch zum Spaß mit Freunden.

Spielern, aber auch gegenüber den Gegenspielern und Schiedsrichtern. Fair Play ist auch eine Frage an den Verband: Wie geht der Verband mit diesen Themen um? Wie lebt der Verband Fair Play vor?

Eigentlich wollen wir nur Fußball spielen

Mit dem Fair Play-Forum haben wir ein Projekt geschaffen, das von vielen Seiten begrüßt und unterstützt wird. Funktionsträger und der DFB sagen uns, dass unser Projekt Hand und Fuß hat und wir auf einem richtigen Weg sind. Wir sensibilisieren einfach für die Themen des Fair Play und wir schaffen ein Netzwerk. Wir machen ein Angebot, dem sich inzwischen verschiedenste Vereine und Institutionen angeschlossen haben – aus dem Bereich des integrativen Sports, der Inklusion, Vereine, die mit Menschen mit Behinderung arbeiten und sie in die Fußballfamilie integrieren. Auch im Bereich Gewaltprävention können wir über das Forum gemeinsam etwas erreichen. Es gibt eine neue Aufmerksamkeit. Menschen engagieren sich in unseren Projekten und machen sich Gedanken, wie sich Gewalt verhindern lässt. Damit verbunden nimmt die Außenwirkung ständig zu. Und immer mehr Menschen sagen: Eigentlich wollen wir doch nur Fußball spielen. Wir spielen Fußball, um uns fit zu halten und um einen Mannschaftssport zu treiben. Wir spielen Fußball, weil es uns Spaß macht. Und nach einem Spiel wollen wir alle ohne Verletzung zurückkehren in unsere Familien, an die Arbeitsplätze und in die Schulen. Das ist das Ziel des Fair Play-Forums.

Die ›Goldene Regel‹

Matthäus 7,12

PETER STEINACKER

Am Ende seiner Bergpredigt gibt Jesus eine Regel aus, die sich bestens zum Maßstab für das Fair Play eignet. Er sagt: »Alles, was ihr wollt, dass es euch die Menschen tun, das sollt auch ihr ihnen tun« (Mt 7,12). Damit sie sich diesen Satz noch besser merken können, haben die Menschen daraus ein Sprichwort gemacht. Es lautet: »Was du nicht willst, dass man dir tu, das füg auch keinem andern zu.«

Die Zwiespältigkeit unseres Wesens

Die neueren Forschungen über das Wesen des Menschen haben das Wissen der Bibel und der alten Griechen leider bestätigt: Wir Menschen sind von Natur aus nicht nur »edel, hilfreich und gut«, sondern wir sind äußerst zwiespältige Kreaturen. Wir haben beides in uns: Wir können uns für Menschen, die wir lieben, hingebungsvoll einsetzen, wir können uns für Gemeinschaften, zu denen wir gehören, auch für unsere Sportvereine, bisweilen bis an unsere Grenzen engagieren. Aber wir können auch unseren Willen, unseren Ehrgeiz und Neid in kleinen oder großen Egoismus-Exzessen auf Kosten von anderen Menschen rücksichtslos durchsetzen. »Des Menschen Herz ist böse von Jugend auf«, warnt uns die Bibel, damit wir uns nicht stolz überschätzen. »Vieles ist schlimm in der Welt, aber nichts ist schlimmer als der Mensch«, sagt ein griechischer Tragödiendichter und will uns vor Illusionen warnen.

Wir Menschen haben Anteile des Friedens und der Sorge für andere in uns und ebenso Anteile von Gewaltbereitschaft, rücksichtsloser Selbstdurchsetzung und Kampfbereitschaft.

Die Idee des Sports ist deshalb so großartig, weil sie diese Zwiespältigkeit unseres Wesens voraussetzt und nicht einfach so stehen lässt. Der Sport akzeptiert das Kampfmotiv in uns, anerkennt die menschliche Leistungsbereitschaft und eine den Sieg wünschende Auseinandersetzung mit einem Gegner, der auch um

einen Sieg gegen uns kämpft. Und der Sport setzt voraus, dass wir Menschen bei allem Kampf- und Siegeswillen in der Lage sind, den Gegner im Wettkampf nicht zu zerstören, ihm nicht an die Ehre, Gesundheit und persönliche Integrität zu gehen. Darum hat der Sport sich Regeln gegeben, die alle beachten müssen, die sich am Wettkampf beteiligen. Wer diese Regeln verletzt, muss im Wettkampf mit Sanktionen rechnen. Jedes Foul ist eine Regelverletzung und muss mit einer Skala von Strafen geahndet werden.
Nun kann man auch die Regeln so oder so auslegen. Sie sind nicht eindeutig. Das ist ja gerade im Fußball so, aber auch in allen anderen Sportarten, im Fechten wie im Gewichtheben oder beim Tennis. Deshalb gibt es im Sport noch eine Regel, die über allen normalen Regeln steht. Diese Regel heißt: Fair Play. Sie steht über allen speziellen Regeln und gilt für alle.

PETER STEINACKER war von 1993 bis 2008 Kirchenpräsident der Evangelischen Kirche in Hessen und Nassau. Der Professor für Systemische Theologie ist mit der Psychotherapeutin Inge Steinacker verheiratet und hat eine erwachsene Tochter. Steinacker gehört der Jury des jährlich vergebenen Schlappekicker-Preises der Frankfurter Rundschau an, mit dem unter anderem sozial und integrativ wirkende Einzelpersonen, Gruppen und Vereine ausgezeichnet werden.

Fürs Zusammenleben

Gerade das Fair Play scheint mir gegenwärtig von vielen Spielern und Zuschauern missachtet zu werden. Ungezügelte Gewalt der Fans gegen Fans des anderen Klubs, Rassismus, rücksichtslose Gefährdung der leiblichen und seelischen Gesundheit des Gegners (im Sport gibt es nur Gegner, keine Feinde!), Missachtung der Menschenwürde, ungezügelte Wutanfälle, all das gibt es jeden Tag, nicht nur in den großen Stadien, sondern auch auf den kleinen Plätzen in den Städten und auf dem Land. Mir scheint, dass vielen der Maßstab für ein Fair Play verloren gegangen ist. Manche wollen auch nicht fair sein, sondern alle Regeln brechen. Aber andere nicht. Sie wissen nicht mehr, welche Normen in dieser Regel über alle Regeln gelten sollen. Und weil sie es nicht wissen, überlassen sie sich wild ihrer inneren Wut und Gewaltbereitschaft.

Wir Christen haben einen Maßstab für das Fair Play. Weil sie die Regel über alle Regeln ist, heißt sie die »Goldene Regel.« Sie steht im Matthäusevangelium und schließt die berühmte Bergpredigt Jesu ab: »Alles, was ihr wollt, dass es euch die Menschen tun, das sollt ihr auch ihnen tun« (Mt 7,12). Jesus wollte uns mit dieser Regel einen Maßstab mitgeben, wie wir unser alltägliches Leben und seine Praxis so leben können, dass wir das stets nicht einfache und nicht konfliktfreie Zusammenleben mit anderen in seinem Sinn gestalten können. Diese Regel ist ebenso einfach, wie sie unserer Erfahrung auch entspricht. Sie sagt uns, dass wir nur dann mit unserem zwiespältigen Wesen zurechtkommen werden, wenn wir uns auf ein Verhalten einlassen, das auf Gegenseitigkeit beruht: Die Goldene Regel schärft uns ein, dass es auf gegenseitige Anerkennung des Rechts auf Dasein und dessen Erhaltung und Förderung ankommt, wenn man die destruktiven Anteile, die in uns sind, nicht verdrängt, sondern bewusst anerkennt und bearbeitet.

Und genau dieses könnte der Inhalt und der Maßstab für das Fair

Play sein: Als sportliche Gegner im Wettkampf um den Sieg anerkennt man die Integrität des Gegners, sein Recht auf Dasein und seine Würde, auch und gerade, wenn man ihn (oder sie) besiegen will.

Fair Play hätte dann eine doppelte Dimension. Die erste ist die Einhaltung der Regeln, die aus einem Kampf einen sportlichen Wettkampf machen. Dazu gehört das Wissen, dass keiner diese Regeln stets einhalten kann und darum die Sanktionen für Fouls zu den Regeln dazugehören. Die zweite ist die Ebene, in der es unmöglich wird, aus dem sportlichen Gegner einen zu vernichtenden, seiner Würde beraubten Feind zu machen – und dabei seine eigene Würde zu verlieren und den Sport selber zu zerstören.

Dank

Vieles kommt zusammen, wenn ein solches Buch entsteht, und vielen möchte ich herzlich danken.

Zuerst der *Leitung der Evangelischen Kirche von Hessen und Nassau.* Kirchenpräsident i.R. Prof. Dr. Peter Steinacker hat mir 2007 das Stadionpfarramt in Frankfurt zugetraut. Kirchenpräsident Dr. Volker Jung, Oberkirchenrätin Christine Noschka, Pröpstin Gabriele Scherle und andere unterstützen diese Arbeit ausdrücklich.
Herzlich aufgenommen hat mich die *Stadion Frankfurt Management GmbH.* Die Arbeit in der Stadionkapelle blüht auch, weil mich das Team unterstützt. Stellvertretend nenne ich Geschäftsführer Patrik Meyer, Henning Enste, Frederik Gehrke, Bianca Kuhl und Christopher Fiori. Und auch dank der Kooperation mit dem Eintracht Frankfurt-Museum und dessen Leiter Matthias Thoma gelingt vieles.
Danke allen SpielerInnen, Trainern, Schiedsrichtern und FunktionärInnen, die im Buch zu Wort kommen. Erst durch sie wurden spannende Einblicke in die Fußballszene möglich – und in Visionen von Leben und Lebensglück.
Ein besonderer Dank gilt *Eric Maas,* stellvertretender Geschäftsführer im Hessischen Fußballverband, und *Armin Kraaz,* Leiter des Leistungszentrums Eintracht Frankfurt. Ohne eure Unterstützung und Kontakte gäbe es dieses Buch nicht.
Danke dem *Kösel-Verlag* mit seiner fußballbegeisterten *Lektorin Michaela Breit.* Seit dem ersten Treffen beim Kirchentag in München 2010 hat sie mit Energie an diesem Projekt festgehalten bis zur Fertigstellung. Danke für Empathie, Sympathie und Heiterkeit.
Und danke *Maren und Mathis,* meiner Familie. Ihr habt mir den Rücken frei gehalten und seid mit durch Tiefen und Höhen gegangen. Danke dafür.

Bild- und Textnachweis

1. Armin Kraaz: privat
2. Dirk Reimöller: Pressestelle Hessischer Fußballverband (HFV)
3. Karl Rotter und Anton Schumacher: Nina Bickel, Presse- und Öffentlichkeitsarbeit Eintracht Frankfurt
4. Lutz Wagner: privat
5. Joachim Besier: privat
6. Sebastian Kehl: © DeFodi
7. Steffi Jones: Deutscher Fussballbund (DFB)
8. Ahmed Diack: Nina Bickel, Presse- und Öffentlichkeitsarbeit Eintracht Frankfurt
9. Niklas Künzel: Nina Bickel, Presse- und Öffentlichkeitsarbeit Eintracht Frankfurt
10. Nils Teixeira: Reinhard Ruskaritz (Bild Pressehaus)
11. Marvin Helm: Nina Bickel, Presse- und Öffentlichkeitsarbeit Eintracht Frankfurt
12. Viola Odebrecht: Medien und Kommunikation, VFL Wolfsburg Fußball GmbH
13. Luca Waldschmidt & Julian Bibleka: Nina Bickel, Presse- und Öffentlichkeitsarbeit Eintracht Frankfurt
14. Patrick Klandt: Foto: Löser
15. Uwe Bindewald: Nina Bickel, Presse- und Öffentlichkeitsarbeit Eintracht Frankfurt
16. Michael Görlitz: Foto: Löser
17. Martina Müller: Medien und Kommunikation, VFL Wolfsburg Fußball GmbH
18. Nia Künzer: privat
19. Volker Jung: Öffentlichkeitsarbeit Evangelische Kirche in Hessen und Nassau
20. Colin Bell: Eugen Eckert
21. Rudi Völler: Eugen Eckert
22. Axel Hellmann: privat
23. Christoph Preuß: privat
24. Trippel/Stepanovic/Hartmann: Eugen Eckert
25. Eric Maas: privat
26. Peter Steinacker: Öffentlichkeitsarbeit Evangelische Kirche in Hessen und Nassau